Bodyforming
mit Yoga

Beate Cuson

DIE AUTORIN

Beate Cuson ist Yogalehrerin, Tänzerin und Heilpraktikerin, Gründerin und Leiterin des internationalen Yoga Studio Moveo in Berlin. Beate Cuson unterrichtet vorwiegend Vinyasa-Flow, ein fließendes, kraftvolles Hatha-Yoga. Ihr Unterrichtsstil ist neugierig-spielerisch und meditativ-achtsam, mit Freude an der Bewegung und genauer Ausführung der Asanas. Sie gibt auch therapeutische Yogakurse, Privatstunden und Workshops. San Francisco, New York, London und Edinburgh sind Stationen ihrer Aus- und Weiterbildung. Beate Cuson hat seit 25 Jahren vielfältige Bewegungs- und Unterrichtserfahrung.

Ein Wort zuvor

»Will man einen Berg besteigen, gibt es unzählige Wege zum Gipfel. Jeder Weg erscheint anders, jeder Blick aus den vielen Richtungen zeigt ein anderes Bild. Aber es ist immer der gleiche Berg. Der Gipfel ist das Ziel, der Ort der grenzenlosen Aussicht, der tiefsten Verbundenheit mit der Natur, der Freiheit.«

Yoga hat viel mit meditativer Innerlichkeit zu tun. Doch das Wohl und die Stärkung des Körpers spielen seit langem eine ebenso große Rolle – schließlich wohnen Geist und Seele darin. Durch Hatha-Yoga lernen Sie, Ihrem Körper Gutes zu tun und sich an ihm zu freuen.

Die Kunst des Yoga ist einzigartig, sie kann jedem etwas geben: Es gibt Yoga für Schwangere, Kinderyoga und Yoga für Menschen ab 60, Yoga für Sportler und für die Fitness, therapeutisches Yoga und sogar Yoga im Flugzeug oder Büro. Und jetzt Bodyforming mit Yoga! In diesem Buch erfahren Sie, wie wirksam die Asanas den Körper schön und gesund erhalten. Sie werden aber auch einen kleinen Einblick in die uralte Kunst des Yoga, seine Vielfalt und seine Schätze bekommen.

Mit Yoga können Sie Ihren Körper sowie Ihr Leben formen. Der Schwerpunkt dieses Buches liegt auf dem Üben der Asanas. Diese können Sie als reines Bodyforming anwenden – oder damit auch die tieferen Aspekte des Yoga erleben. Das Yoga auf der Matte und im Leben – kraftvoll und beweglich, offen und flexibel.

Seien Sie vor allem kreativ, offen und spielerisch, achtsam und neugierig. Ich wünsche Ihnen ein genussvolles Üben!

Beate Cuson

Die Wiederentdeckung des Wohlbefindens

Yoga macht schön und stark. Yoga macht glücklich und hält jung. Es ist eine Lebenskunst, die seit tausenden von Jahren kultiviert und weiterentwickelt wird. Und Yoga geht mit der Zeit: Auch heute noch ist es eine der modernsten und vielseitigsten Wohlfühl-Methoden – für alle geeignet und hochwirksam. Yoga bringt Innen und Außen in Einklang, ist gut für Körper, Seele und Geist. Yoga ist ... einfach genial!

So wirkt Hatha-Yoga

Die Asanas aus dem Hatha-Yoga (siehe auch Seite 19) machen den Körper widerstandsfähig, kräftig und beweglich, schenken Gesundheit und Vitalität und verleihen dem Leben Leichtigkeit. Sie verhelfen zu körperlicher und geistiger Stabilität und Ausgeglichenheit. Jede Asana wirkt auf den ganzen Körper und ist eine in sich geschlossene Einheit. Auch wenn die Übungen nach außen hin statisch erscheinen, sind sie voll innerer Dynamik. Sie wirken nicht nur äußerlich, sondern stark auf alle Systeme des Organismus und die inneren Organe. Yoga ist ganzheitlich, beeinflusst nicht nur den Körper, sondern auch Geist und Emotionen. Yoga macht fit und gesund, hält jung, gibt Energien, entspannt und heilt, führt zu geistigem und emotionellem Gleichgewicht, fördert die persönliche Entwicklung, führt zu einem Zustand innerer Stärke, Harmonie und Zufriedenheit und erweitert den Horizont.

Die Potenziale des Körpers wecken

Mit den Asanas, wie die Yoga-Übungen traditionell genannt werden, können Sie ganz gezielt Ihren Körper formen, Ihre Muskeln ausgewogen trainieren und zu einer aufrechten, eindrucksvollen Körperhaltung mit harmonischen und geschmeidigen Bewegungen finden. Natürlich wird Ihr Körperbau nicht nur von Ihrer Lebensweise, sondern auch grundlegend von Ihrer genetischen Veranlagung bestimmt. Die können Sie nicht verändern – aber lieben und als Potenzial nutzen. Nehmen Sie Ihren Körper als das an, was er ist: ein Wunderwerk der Natur, bei dem alles perfekt zusammenspielt und sich optimal ergänzt.

Problemfreie Zone!

Erklären Sie nicht einzelne Bereiche Ihres Körpers zu »Problemzonen«. Lassen Sie los von der Einstellung, Ihren Körper einzuteilen in schön und unschön. Gerade dies ist das Besondere an den Asanas und unterscheidet sie von den meisten anderen Bewegungskonzepten: Auch wenn Sie in Ihrem Yoga-Übungsplan bestimmten Körperbereichen besondere Aufmerksamkeit schenken und sie gezielt trainieren, wird dabei stets der Körper als Ganzes angesprochen. Machen Sie sich auf den Weg, die Asanas entspannt, mit Geduld und Regelmäßigkeit zu praktizieren. Sie werden überrascht sein, wie schnell Sie erste Auswirkungen feststellen können: Bereits nach dem allerersten Üben macht sich oft ein unvergleichliches Wohlgefühl breit. Nach wenigen Wochen können Sie bereits sichtbare Veränderungen wahrnehmen. Ihre Muskeln sind kräftiger geworden, Sie sind beweglicher und Ihre Haltung aufrechter. Sie werden entspannter und lockerer, fühlen sich wohler in Ihrem Körper. All das verleiht Ihnen eine selbstbewusste und lebendige Ausstrahlung.

INDIVIDUELLE BERATUNG DURCH DEN LEHRER

WICHTIG !

Üben Sie mit spielerischer Neugier die Asanas aus diesem Buch. Es dient Ihnen als Grundlage, zur Anregung und zum Nachschlagen. Jedoch ist es sehr zu empfehlen, zu Beginn oder fortlaufend an einem Yogakurs teilzunehmen beziehungsweise sich einen erfahrenen Lehrer zu suchen. Nur er oder sie kann Ihre Haltung gezielt korrigieren und falls nötig einzelne Asanas für Sie abwandeln. Dann schleichen sich nicht unbemerkt Fehler ein, die Ihrem Körper auf Dauer schaden können.

Macht Yoga schlank?

Die Yoga-Übungen fördern die ganz natürliche Regulierung des Körpergewichtes und formen auf sanfte, natürliche Weise Ihre Figur. Statt komplizierter, aufwändiger Abnehmprogramme können Sie sich ganz einfach auf Ihren Körper verlassen – das Abnehmen geht dann von selbst!

Ein positives Körpergefühl entwickeln

Die schönste Botschaft zuerst: Mit Yoga werden Sie sich wohl und schön fühlen, auch wenn die Waage nicht das nach einer Formel errechnete »Idealgewicht« anzeigt. Auch mit ein paar Pfunden mehr entwickeln Sie durch das Üben der Asanas ein positives Körpergefühl und eine tiefere Beziehung zu Ihrem Körper. Deshalb werden Sie ihm auch immer weniger überflüssige und schädliche Nahrung zuführen und Ihre Mahlzeiten viel intensiver genießen. Ohne Kalorienzählen und oberflächliche Diäten mit hoch gestecktem Ziel und unbekanntem Ausgang. Ernährungstipps für Yogis finden Sie übrigens auf Seite 20.

Sanftes Abnehmen

Abnehmen mit Yoga geht nicht im Schnellverfahren – soll es auch gar nicht: Je schonender Sie überflüssige Pfunde abbauen, umso nachhaltiger ist das Ergebnis. Zeigt Ihre Waage nach ein paar Wochen keinen nennenswerten Gewichtsverlust an, hat das wahrscheinlich einen einzigen, erfreulichen Grund: Sie haben Fett ab- und dafür Muskeln aufgebaut! Die sind nämlich schwerer als Fett. Schlanker aussehen und sich leichter fühlen werden Sie in jedem Fall.

Zusätzlich: Ausdauertraining

Wenn Sie die Fettverbrennung noch mehr in Gang bringen wollen, können Sie neben dem Üben der Asanas regelmäßig Ausdauertraining machen – gehen Sie schwimmen, radfahren, tanzen, laufen … Mit der Zeit werden Sie merken, dass die Yoga-Übungen sich auch hier positiv auswirken: Ihre Atmung vertieft sich, und Sie lernen, sie optimal auf Ihre Bewegungen abzustimmen. Die Leichtigkeit und Beweglichkeit, die Sie mit Yoga gewinnen, kommt Ihnen ebenfalls beim Ausdauertraining zugute. Viele Sportler und Tänzer nutzen dies!

Gutes Bindegewebe contra Cellulite

Die Asanas helfen, überschüssiges Fettgewebe abzubauen, sie fördern die Durchblutung und den Lymphfluss, kräftigen die Muskeln und straffen das Bindegewebe. All das trägt dazu bei, die Haut wieder fest und straff zu machen und die typischen Wölbungen und Dellen der so genannten Orangenhaut zu glätten, die durch Fettansammlungen im dehnbaren weiblichen Bindegewebe entstehen. Zum Teil bestimmt die Veranlagung, ob Sie zu Cellulite neigen – vor allem aber können Sie dieser mit einer gesunden, nicht zu fettreichen Ernährung und viel Bewegung entgegenwirken (Tipps zur Ernährung siehe Seite 20). Da die Cellulite typischerweise an Po und Oberschenkeln auftritt, sind Asanas für diese Körperbereiche (ab Seite 86 und 102) hier besonders geeignet. Noch ein Tipp: Reichlich frisches Gemüse, vor allem solches mit viel Vitamin C, ist sehr gut fürs Bindegewebe!

Die »Schlacken« rausspülen

Auch ganz wichtig: Viel trinken! Wenn, wie es bei der Entstehung von Cellulite der Fall ist, das Gewebe nicht mehr optimal durchblutet wird, sammeln sich darin viele Abfallstoffe an. Sie können den Abtransport dieser Stoffe unterstützen, indem Sie genügend Flüssigkeit aufnehmen. Reines Wasser ist hier die allererste Wahl (stilles Mineralwasser oder einfach Leitungswasser, das meist besser ist als sein Ruf!); gefolgt von Kräuter- und Früchtetees sowie Fruchtschorlen aus zwei Teilen Wasser und einem Teil Saft. Trinken Sie regelmäßig, in kleinen Schlucken und mindestens zwei Liter pro Tag. Der Ayurveda empfiehlt, im Laufe des Tages immer wieder etwas heißes Wasser zu trinken.

› Das Geheimnis yogischer Leichtigkeit: sich selbst rundum lieben!

Ausstrahlung, Schönheit und innere Kraft

Ob Sie rundlich oder zierlich, groß oder klein sind: Yoga ist ein Weg zu äußerer und innerer Kraft und Schönheit. Es bietet Ihnen eine Möglichkeit, Ihr Potenzial körperlich und geistig voll zu leben und auszuschöpfen, und das in jedem Lebensalter. So kann Ihr Bodyforming schließlich zu einem »Lifeforming« par excellence werden.

Selbstvertrauen schöpfen

Yoga ist nicht nur für Ihren Körper gut, sondern auch für Ihr Lebensgefühl. In Ihrem Alltag werden sich belastende Gewohnheiten ändern: Vielleicht lassen Sie, ohne es zunächst zu merken, immer öfter die Zigarette im Päckchen und die Schokolade im Schrank. Indem Sie sich langsam und ganz von innen heraus von solchen Abhängigkeiten befreien, bekommt Ihr Selbstvertrauen enormen Auftrieb! Je mehr Sie auf Ihren Körper hören, umso deutlicher wird er Ihnen den Lebensrhythmus zeigen, der auch Ihrem Geist und Ihrer Seele gut tut. Sie lernen, Ihre Energien besser einzuteilen, Wichtiges von Unwichtigem zu trennen. Sie gestehen sich genügend Pausen zu und gehen danach nicht schlapp und müde, sondern frisch und ausgeruht wieder ans Werk. Die veränderte Lebensweise wird Sie vitaler und selbstbewusster machen und Ihnen viel Energie geben.

Die eigene Kraft entdecken

Durch Yoga gewinnen Sie nicht nur äußere, sondern auch innere Kraft. Dadurch können Sie flexibel, gelassen und konzentriert auf die Herausforderungen des Lebens eingehen, auf die großen und kleinen, die überraschenden und die alltäglichen. Lebensfreude, Entspannung und gute Laune machen sich unaufhaltsam breit. Schon die bildhaften Namen der Asanas deuten den Weg an: »Adler«, »Tänzer« und »Delfin« laden ein zu einer spielerischen Entdeckungsreise zur eigenen Kraft und Energie! Regelmäßiges Üben der Yoga-Asanas formt Ihre Muskeln, gibt Ihrem Rücken Halt und macht Ihre Haut straff und rosig. Und es verleiht Ihnen eine heitere, gelassene Ausstrahlung. Die positiven Empfindungen und die neu gewonnene Energie in Ihnen spiegeln sich in Ihrer äußeren Erscheinung wider – so ist Yoga eine ganzheitliche Schönheitspflege.

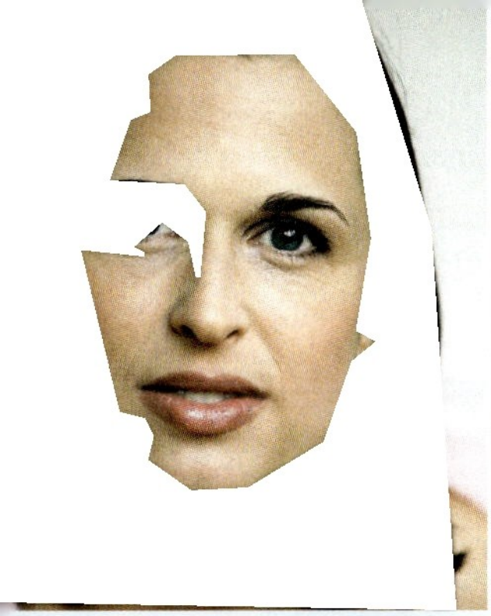

ALS HÄTTE ICH EINEN GANZ NEUEN KÖRPER …

Tanya Neufeldt ist als Schauspielerin aus vielen Theater- und TV-Produktionen bekannt. Für sie bedeutet Yoga ein neues Lebensgefühl.

Seit wann und warum übst du Yoga?

Ich habe vor vier Jahren per Zufall mit Yoga angefangen. Ein Freund in Los Angeles nahm mich bei einem Besuch mal mit zu seiner Yogaklasse. Als ich am nächsten Morgen aufwachte, fühlte ich mich so gut wie noch nie. Jeder Muskel war zu spüren. Ich war mir noch nie so meines Körpers bewusst. Seitdem versuche ich mindestens dreimal die Woche zum Unterricht zu gehen und für mich allein täglich wenigstens 20 Minuten zu machen. Es erdet mich, lässt mich auf die relevanten Dinge des Tages konzentrieren und tut einfach gut.

Hat sich dein Körpergefühl mit Yoga verändert?

Mein Körper ist mir verständlicher geworden. Ich höre besser auf ihn. Yoga gibt mir meine Grenzen und die Unterschiedlichkeit meiner Tagesform zu erkennen. Wenn ich mal wieder nicht hören will, gibt's 'ne Muskelzerrung. Aber Yoga ist ja nicht nur gut für die Seele, sondern auch für den Po … Mein Körper ist definierter geworden, vor allem meine Arme. Ich gehe aufrechter. Ein rundum besseres Lebensgefühl. Manchmal denke ich, ich habe einen anderen Körper bekommen. Fester, beweglicher, wesentlich kräftiger. Ich brauche nicht mehr so viel Schlaf. Und ich merke früher, wenn ich mir zu viel abverlange. Die Alarmglocken sind verfeinert. Und gleichzeitig bin ich belastbarer.

Übst du noch andere gezielte Bewegungsarten aus? Ist Yoga anders?

Im Sommer spiele ich Tennis und gehe ab und zu laufen. Beides ist eine nette Abwechslung, hat aber einen völlig anderen Einfluss auf mich. Es hat für mich mehr mit Wettbewerb zu tun. Ich wechsle lieber innerhalb der Yogarichtungen: Wenn ich mich auspowern will, mache ich Ashtanga, brauche ich Besinnung, lieber ruhigen Yoga Flow.

Stellst du durch Yoga auch innerliche Veränderungen fest?

Ich bin ganz eindeutig konzentrierter und kann mit Stress besser umgehen. Mich bringt so schnell nichts aus der Ruhe. Und diese innere Ruhe strahle ich mit Sicherheit auch nach außen aus!

Der Weg des Yoga

Yoga ist wie ein uralter Baum, seit mindestens 3.500 Jahren tief verwurzelt in der Erde Indiens, mit einem kräftigen Stamm, vielen Ästen, zahllosen Zweigen und unzähligen Blättern. Ein Baum, der auch heute noch lebendig wächst und neue Blüten trägt. Er hat in seiner langen Geschichte viele Erleuchtete, Weise, Gelehrte sowie Lehren und Schriften hervorgebracht und viele Wandlungen durchlebt. Das Faszinierende an Yoga ist seine Zeitlosigkeit, Toleranz und seine vielen offenen Türen. Yoga bietet verschiedene Wege an, um zu dem gleichen Ziel zu gelangen: Selbstfindung, eins mit sich und der Welt werden, den Zustand inneren Friedens erleben.

Yoga ist die Kunst, unseren Körper, unseren Geist und alle Ebenen unseres Lebens bewusst schöpferisch zu gestalten. Die tiefe Erkenntnis des Yoga ist, dass wahres Glück und Zufriedenheit nur in uns selbst zu finden sind.

Wie Yoga in den Westen kam

Zu Beginn des 20. Jahrhunderts fing eine neue Ära in der Yogageschichte an. Indische Yogis bereisten den Westen und verbreiteten ihre Kunst. Der körperbezogene Hatha-Yoga gewann dabei den größten Einfluss und ist heute im Westen der wohl bekannteste und am häufigsten praktizierte Yoga-Weg.
Yogi Swami Vivekananda besuchte 1893 den Weltkongress der Religionen in Chicago und begeisterte das Publikum für die indische Kultur und Philosophie. Seitdem verbreitet und entwickelt sich Yoga in der westlichen Welt immer weiter. Zwischen 1910 und 1930 wurden in Indien auf der Grundlage jahrhundertealter Texte neue, zeitgemäße Konzepte und Methoden des Yoga entwickelt, die noch heute die Grundlage für die weiteren Wege des Yoga bilden.

Yoga geht in die Welt hinaus

Hier ist vor allem der 1888 geborene Yogi, Gelehrte und Professor S. T. Krishnamacharya zu nennen, der »Vater« des modernen Yoga. Er entwickelte neue Konzepte, vertiefte und verfeinerte den Hatha-Yoga. Seine bekanntesten Schüler waren Indra Devi (siehe Seite 18), Iyengar, Patthabi Jois und Desikachar (Seite 16/17). Im Alter von 100 Jahren starb Krishnamacharya 1989 und hinterließ ein reiches spirituelles Erbe. Um 1920 entstanden in den USA mehr und mehr Yoga-Institute, Schulen und Zentren. In Deutschland begann, ganz besonders in den Volkshochschulen, eine Yogabewegung, die vor allem den Gesundheitsaspekt des Hatha-Yoga für sich entdeckt hatte.
1947 unterrichtete die legendäre Indra Devi in Los Angeles auch viele Prominente in der Kunst des Yoga: Elizabeth Arden, Greta Garbo und Marilyn Monroe zählten zu ihren Schülerinnen. 1952 begann sich der Violinen-Virtuose Yehudi Menuhin mit Hingabe dem Yoga zu widmen und führte seinen Lehrer, den heute berühmten B. K. S. Iyengar, und dessen Form des Hatha-Yoga im Westen ein.
Ab 1966 entdeckte der westliche Zeitgeist der Hippie-Bewegung die östlichen Themen von Yoga bis Zen für sich. Ende der 60er wurden in Europa zahlreiche Berufsverbände der Yogalehrer gegründet. In den 70er Jahren wurde das Yoga-Programm von Karen Zebroff populär. Ab den frühen 90ern entstand weltweit eine neue Welle der Popularität: Yoga breitete sich rasant aus und etablierte sich in den unterschiedlichsten Kreisen sowie im therapeutischen Bereich.

Moderne Yoga-Stile

Sie sind auf der Suche nach einem geeigneten Yogakurs (siehe auch Kasten Seite 9) und überrascht, wie viele verschiedene Stile angeboten werden? Aus dem klassischen Hatha-Yoga haben sich zahlreiche Richtungen entwickelt, die jeweils verschiedene Schwerpunkte haben, sei es körperliche Fitness, therapeutische Wirkungen oder Philosophie und innere Entwicklung.

Iyengar-Yoga

Diese von B. K. S. Iyengar (sprich: Aiyengar) in Pune, Indien, entwickelte Methode ist ein körperorientierter, kraftvoller Yogastil, der großen Einfluss auf das Yoga im Westen ausübte. Charakteristisch sind Präzision beim Üben und der Einsatz verschiedenster Hilfsmittel, etwa Klötze, Gurte oder Polster. Damit können die Übungen individuellen körperlichen Voraussetzungen angepasst werden. Durch längeres, statisches Halten der Asanas können die Übenden ganz tief in die Haltungen eintauchen und deren Wirkungen intensiv erspüren.

Ashtanga-Vinyasa

Pattabhi Jois machte diesen Stil im Westen bekannt und lehrt noch heute in Mysore, Indien. Eine sehr athletische, sportliche Form: Kraft, Ausdauer und Beweglichkeit werden hier besonders intensiv gefördert. Eine festgelegte Sequenz von Asanas wird in schneller Abfolge mit Sprüngen und mit der speziellen »Ujayi«-Atemtechnik verbunden.

Yoga Flow

Ein tänzerischer, kraftvoll-dynamischer Hatha-Yoga-Stil. Die Asanas werden meist fließend verbunden, mal langsam, mal schnell, oder auch gehalten. Längere Sequenzen mit fließenden Bewegungen und fließendem Atem werden aufgebaut. Eine Meditation in Bewegung entsteht.

Power-Yoga

Power-Yoga ist ein kraftvoller, dynamischer Stil mit einer nicht festgelegten, freien Abfolge von Übungen. Die Asanas werden in einer fortlaufenden Bewegung ausgeführt, häufig mit Sprüngen verbunden. Nicht selten wird auch das Ashtanga-Vinyasa (siehe oben) als Power-Yoga bezeichnet.

Jivamukti-Yoga

1986 in New York von Sharon Gannon und David Life entwickelt. Die Asanas werden in fließenden, kraftvollen Sequenzen ausgeführt, immer von Musik begleitet (von den Beatles bis zu »Indian Lounge«). Praktiziert werden auch Atemtechniken, Meditation und Gesang.

Bikram-Yoga

Der Stil des Bikram Choudhury, der heute in Beverly Hills lebt, besteht aus 26 Asanas, die in einer festgelegten Abfolge zweimal hintereinander praktiziert werden. Die Asanas sind kraftvoll ausgeführt und körperlich sehr fordernd. Für Bikram-Yoga wird das Studio auf 40° aufgeheizt, um Muskeln und Gelenke zu lockern. Bei Herz-Kreislauf-Problemen ist hier besondere Vorsicht geboten!

Vini-Yoga

In der Vini-Yoga-Methode von Sri Krishnamacharya (Seite 15) und seinem Sohn Desikachar (Madras, Indien) werden die Asanas individuell den Bedürfnissen der Übenden angepasst. Die Bewegungsabläufe sind meist behutsam und sanft fließend, der Atem wird stets mit der Bewegung koordiniert. Eine wichtige Rolle spielen therapeutische Anwendung und Philosophie des Yoga. Vini-Yoga wird häufig auch im Rahmen von Einzelstunden angeboten.

Sivananda-Yoga

Swami Vishnu Devananda gründete in Montreal 1961 das erste Sivananda-Zentrum – heute gibt es weltweit hunderte. In diesen Zentren wird die Rishikesh-Reihe, eine festgelegte Folge von zwölf klassischen Asanas, Atemübungen und Tiefenentspannung praktiziert. Im Angebot sind auch viele Kurse in gemeinsamer Meditation, Mantra-Singen und vegetarischer Ernährungslehre.

Kundalini-Yoga

1969 gründete Yogi Bhajan in Los Angeles die Healthy Happy Holy Organisation (3HO). Kundalini-Yoga wird Sie ansprechen, wenn Sie sich für einen traditionellen indischen Stil interessieren: Neben den intensiven Körper- und Atemübungen aus dem klassischen Hatha-Yoga liegt hier ein weiterer Schwerpunkt auf Mantra-Singen und Meditation.

LEBENDIGE GESCHICHTE: INDRA DEVI, DIE FIRST LADY DES YOGA

Indra Devi wurde 1899 in Litauen geboren. Sie übte als erste Frau eine herausragende, nachhaltige Wirkung auf den internationalen Yoga aus. Ihr beeindruckendes Leben umfasste das ganze 20. Jahrhundert, und sie öffnete dem Yoga von Shanghai über Hollywood bis Buenos Aires Tür und Tor. Sie floh während des auf die russische Revolution folgenden Bürgerkrieges aus Litauen. In Berlin schloss sie sich einer Theatergruppe an und tourte durch Europa. 1927 zog es sie nach Indien, wo sie als Filmschauspielerin arbeitete. Zu dieser Zeit legte sie ihren Geburtsnamen ab und nahm den Namen Indra Devi an.

Als Gast des Maharadscha von Mysore (Südindien) lernte sie den Yogameister Krishnamacharya in seiner dortigen Yoga-Akademie kennen. Ihre Faszination für ihn war so stark, dass sie unbedingt seine Schülerin werden wollte. Zu dieser Zeit war es für Frauen und Nichtinder nicht möglich, in die Akademie aufgenommen zu werden. Doch ihr unbedingter Wille und ihre Beharrlichkeit führten sie zum Erfolg: Sie wurde die Schülerin des Professors – allerdings mit der Auflage, ein besonders hartes Studium durchzustehen. Nachdem sie alle Herausforderungen gemeistert hatte, wies Krishnamacharya sie an zu unterrichten – und damit begann ihr Yogaweg, der sie durch die ganze Welt führte.

1939 gründete Indra Devi die erste Yogaschule in Shanghai. Madame Chiang Kai-Shek, die mächtige Frau des Staatsführers, nahm bei ihr Unterricht.
1947 zog sie nach Hollywood und löste dort die erste populäre Yogawelle aus: Elizabeth Arden, Greta Garbo, Gloria Swanson und Marilyn Monroe waren ihre berühmtesten Schülerinnen. 1953 erschien aus ihrer Feder der erste Yoga-Bestseller: »Forever Young, Forever Healthy« (siehe Buchtipps Seite 122), der übrigens auch heute noch sehr lesenswert ist!

1960 überzeugte die elegante Weltbürgerin, die 12 Sprachen beherrschte, den Kreml von den Vorzügen des Yoga – woraufhin das Yoga-Verbot aufgehoben wurde. Ab 1970 verbreitete sie Yoga von Mexiko bis Südamerika. 1985 machte Indra Devi Buenos Aires zu ihrer Heimat und gründete dort sechs Yogaschulen. Noch im Alter von 99 Jahren unterrichtete und praktizierte sie »ihren« Yoga. Indra Devi starb 2002, wenige Wochen vor ihrem 103. Geburtstag und dem Erscheinen ihres zwölften Buches.

Der äußere Weg

Ursprünglich spielte der Körper im Yoga kaum eine Rolle, wurde sogar als Hindernis auf dem Weg zu geistiger Vollendung gesehen. Erst im 8. Jahrhundert unserer Zeitrechung entstand in Indien eine revolutionäre Neuentwicklung: der Tantrismus. Körper und Sinne waren nun Mittelpunkt des Interesses.
Im Laufe der Zeit entstanden zahllose Asanas, deren Namen nicht willkürlich gewählt wurden, sondern meist aus Beobachtungen der Tier- und Pflanzenwelt und aus vielen Geschichten der Hindu-Mythologie stammen.
Die Asanas können jeden Muskel, jeden Nerv und jede Drüse in Bestform bringen, die Atmung wird tiefer, das Nervensystem schaltet um auf Entspannung. Der Mensch wird achtsamer im Umgang mit seinem Körper. Jede Asana hat verschiedene positive Wirkungen. Ein Beispiel: In der Asana »Bauchdrehung« wird zwar besonders die Bauchmuskulatur beansprucht und trainiert, gleichzeitig kommt die Übung aber auch Rücken und Taille zugute. Sie regt zudem die Durchblutung der inneren Organe und die Verdauung an.
Die Asanas sind aber nicht nur ein Bewegungs-, sondern auch ein Energieprogramm – ein Art Energie-Management. Wer sie praktiziert, lernt besser mit seinen Energien umzugehen, entdeckt mehr und mehr, wie seine Lebensweise, seine Gefühle, Gedanken und sein Atem das seelische und körperliche Wohlbefinden beeinflussen. Zum äußeren Weg des Yoga gehört auch das Pranayama, die Erhöhung der Lebensenergie mithilfe des Atems (siehe Seite 22 und 38).

INFO

HATHA-YOGA: DIE VEREINIGUNG DER ENERGIEN

Das Wort »Hatha« setzt sich zusammen aus den Sanskritwörtern **ha** (Sonne) und **tha** (Mond). Sonne und Mond symbolisieren zwei entgegengesetzte, aber stets zusammenwirkende Energien:
Die **Sonne** ist Symbol des männlichen, aktiven, nach außen gerichteten Prinzips, der **Mond** steht für das Weibliche, Empfangende, Intuitive. Ziel des Hatha-Yoga ist es, diese beiden Energien im Menschen ins Gleichgewicht zu bringen. Das geschieht durch eine ausgewogene Zusammenstellung der Asanas: Manche von ihnen wirken beispielsweise anregend und erwärmend, manche beruhigend und kühlend, andere sehr ausgleichend.

TIPP

ERNÄHRUNG FÜR YOGIS

Unser Wohlbefinden hängt sehr davon ab, was wir essen. Aus Sicht des Yoga und der altindischen Gesundheitslehre Ayurveda ist Nahrung eine Form der Lebensenergie (Prana) und damit das Fundament jeder Therapie. Hier einige allgemeine Richtlinien:

- Die Lebensmittel sollen den Körper nicht belasten, sondern ihn mit allen wichtigen Nährstoffen versorgen – frisch, vollwertig, natürlich und abwechslungsreich. Sie müssen nicht zum Vegetarier werden, sollten aber auf die Herkunft des Fleisches aus artgerechter Tierhaltung achten und Fleisch nur in Maßen essen – aus gesundheitlichen und ethischen Gründen.
- Essen Sie nicht zu viel, und vor allem essen Sie immer mit Genuss, in Ruhe und in einer möglichst angenehmen Atmosphäre.
- Bei allem gilt: Je mehr Sie mit dem Üben der Asanas ein Gespür für Ihren Körper entwickeln, umso mehr werden Sie ganz intuitiv wissen, was ihm gut tut.

DIE ENERGETISCHEN QUALITÄTEN DER NAHRUNG

Tamas – das Dumpfe: Solche Lebensmittel machen müde, träge, lethargisch: Nahrung, die schon länger steht, industriell verarbeitet wurde, Fast Food, aufgewärmtes Essen, industrieller Zucker und chemische Zusatzstoffe.

Rajas – das Anregende: Zu viel davon erhitzt und macht hitzig, facht starke Gefühle wie Aggression und Ungeduld an. Hierzu gehören beispielsweise Fleisch, Eier, Kaffee, schwarzer Tee und sehr scharfe Gewürze.

Sattva – das Ausgleichende, Harmonisierende: Schenkt Energie und ist die optimale Grundlage für Gesundheit, Vitalität und Wohlbefinden: Natürliche Vollwertkost mit viel frischem Obst und Gemüse, Nüssen, Getreide und Milchprodukten.

Der innere Weg

Yoga ist viel mehr als das Üben der Asanas. Es ist ein Weg der inneren, geistigen Entwicklung – und eine Lebenskunst, ein Lebenstraining und -management. Das Wort »Yoga« bedeutet »vereinen, verbinden«. Yoga vereint Körper, Geist und Seele, unser Denken, Fühlen und Handeln, und erweitert das Verständnis für uns selbst und für die Welt. Yoga bedeutet auch, die Verbundenheit von Mensch und Natur (wieder) zu erfahren und zu pflegen. Es ist eine Reise zur eigenen Mitte, auf der wir eine gelassene, entspannte Lebenseinstellung entwickeln. Der Schlüssel zu einem zufriedenen, harmonischen Leben ist in uns selbst zu finden, und Glück, Anerkennung, Lieben und Geliebtwerden stellen sich dann von selbst ein.

Ein ruhig fließender Geist

Yoga ist eigentlich ein Geisteszustand. Die klassische Definition des Yoga lautet: Die Gedankenwellen zur Ruhe kommen lassen. Die unaufhörlich plappernden, zwischen Vergangenheit und Zukunft hin und her springenden, sich festbeißenden, grüblerischen Gedanken, sowie die vielen Dinge, die in unserem Kopf um Aufmerksamkeit wetteifern, sind erschöpfend und rauben uns Energie. Sie stehen der Konzentration, Achtsamkeit und Klarheit im Wege.

Durch Yoga lernen wir loszulassen und bewusst Verantwortung zu übernehmen für unser Leben, unsere Handlungen, Emotionen und Gedanken. Wir lernen innere Stärke zu entwickeln, um in allen Lebenssituationen mit einer aktiven Gelassenheit zu reagieren, uns dem Fluss des Lebens anzuvertrauen.

DIE FÜNF KLESHAS

INFO

Die klassische Yogalehre benennt fünf Hindernisse (»Kleshas«), die unserer Zufriedenheit und unserem inneren Frieden im Wege sind:

- **Unwissenheit und Missverständnis**
- **Egoismus und Selbstüberschätzung**
- **Das Verlangen, etwas unbedingt haben zu wollen**
- **Abneigung, Abwehr und Vermeidung**
- **Angst, besonders die Angst vor dem Tod**

DER ACHTSTUFIGE WEG DES YOGA

Zu den wichtigsten Texten des Yoga zählen die Yoga-Sutras, aufgezeichnet vor etwa 2000 Jahren von dem Gelehrten Patanjali. Sie bilden auch heute noch die Grundlage für das moderne klassische Yoga und zeigen uns Möglichkeiten, wie wir uns auf unserem äußeren und inneren Weg so weit wie möglich von den Wirkungen der Kleshas (Seite 21) befreien und zu innerer Klarheit finden können.

1. **Yama – der Umgang mit der Welt:** Die Yamas beinhalten universelle ethische Leitlinien für unser Verhalten im Umgang mit uns und der Welt. Ahimsa: Gewaltlosigkeit, Mitgefühl und Rücksicht im Umgang mit allen Lebewesen. Satya: Wahrhaftigkeit, mitfühlende Ehrlichkeit in Verhalten, Gedanken und Absichten. Asteya: Nicht-Stehlen, ob in Gedanken (Neid; Aufmerksamkeit stehlen) oder Tat. Brahmacharya: ein kontrollierter, achtsamer Umgang mit den sexuellen Energien. Aparigraha: Nicht-Horten, Freimachen von Besitztümern und Anhaftung.

2. **Niyama – der Umgang mit sich selbst:** Shauca: Reinheit und Pflege von Körper, Geist und Handlungen. Santosha: Wertschätzung des Lebens und die Kunst, mit wenig zufrieden zu sein. Tapas: Disziplin, inneres Feuer und Ausdauer, um auf dem Weg weiterzukommen. Svadhyaya: Selbsterkenntnis, Selbstreflexion und das Aneignen lebendigen Wissens. Ishvara Pranidhana: Hingabe, das Vertrauen auf eine höhere spirituelle oder göttliche Kraft.

3. **Asanas – Übungen, die den Körper kräftigen, beweglich machen und entspannen:** In einem lockeren Körper, der dennoch genügend Stabilität und Widerstandskraft bietet, kann die Lebensenergie frei fließen und unserem Leben Leichtigkeit geben.

4. **Pranayama – Atemübungen:** Mehr als nur einfache Atemübungen. Sie aktivieren und harmonisieren die verborgene Energie der Lebenskraft Prana. Durch die speziellen

Atemübungen können wir mehr Prana aufnehmen und damit unsere eigene körperliche, geistige und kreative Energie vermehren. Indem wir unseren Atemfluss lenken, lernen wir auch unseren Geist und unsere Gefühle zu harmonisieren. Bereits das bewusste Atmen beim Üben der Asanas stellt eine Form des Pranayama dar.

5. Pratyahara – das Zurückziehen der Sinne: Das wichtige Bindeglied zwischen den äußeren und inneren Aspekten des Yoga. Es meint nicht ein Abschalten der Sinne, sondern den richtigen Umgang mit ihnen. Nach Yoga und Ayurveda sind Sinneseindrücke die Hauptnahrung für den Geist. Minderwertige Sinneseindrücke schaden dem Geist, so wie eine schlechte Ernährung dem Körper schadet. Lärm, ständige Musikberieselung und Großstadthektik lassen unsere Aufmerksamkeit hin und her springen. Unser Geist wird dabei wie ein Kind in einem Süßigkeitenladen ... Pratyahara bedeutet, die Sinne nach innen zu richten und sie nicht mehr unkontrolliert jedem Reiz folgen zu lassen. Bereits die Konzentration auf die Asanas und den Atem ist eine Form des Pratyahara.

6. Dharana – die Konzentration: Dharana ist die Fähigkeit, stets mit voller Aufmerksamkeit durchs Leben zu gehen. Dadurch dringen wir tiefer in unser gegenwärtiges Tun, in eine Überlegung oder eine Betrachtung ein. Bei den Asanas richten wir unsere Aufmerksamkeit auf Körper und Atem und schulen somit wesentlich unsere Konzentration.

7. Dhyana – die Meditation: Meditation lehrt die nötige Achtsamkeit zu entwickeln, um die Rolle eines neutralen Beobachters unserer selbst und der Umwelt einzunehmen, ohne zu bewerten oder zu verurteilen, ohne Verzerrungen durch Glaubenssätze, Denkmodelle oder persönliche Erwartungen. Meditation ist die Fähigkeit zur längeren Konzentration, ohne sich dabei ablenken zu lassen. Sie hilft uns die Dinge zu sehen, wie sie sind.

8. Samadhi – die Verschmelzung: Samadhi ist zu verstehen als ein Zustand völliger Konzentration. Es bedeutet, dass wir eins werden mit unserem Tun, dass wir uns ihm mit vollständiger Hingabe widmen. Es ist dieser Zustand, bei dem wir alles um uns herum vergessen – und auch uns selbst. Samadhi ist das Ziel des Yoga-Weges, das Gefühl inneren Friedens und innerer Freiheit, das Einswerden, die Verbundenheit mit sich selbst und mit der Welt. Die Gedankenwellen kommen dabei zur Ruhe wie ein stiller, klarer See.

Mehr als nur schön: harmonisch trainierte Muskeln

Das regelmäßige Üben der Asanas bringt Ihnen viele körperliche Pluspunkte. Zunächst einmal gewinnen Sie an Muskelkraft und Beweglichkeit. Mit den Yogaübungen formen Sie Ihren Körper ganz harmonisch und machen ihn geschmeidig und locker. Mehr Muskeln machen aber auch schlanker: Je mehr Muskelmasse Sie aufbauen, umso mehr Kalorien verbraucht Ihr Körper, und zwar sowohl in der Bewegung als auch in Ruhe. Von ausgewogen trainierten Muskeln profitieren ebenso Wirbelsäule und Gelenke, Bindegewebe und Haut sowie Ihre Ausstrahlung und Ihr Selbstbewusstsein. Bereits mit dem Beginn Ihrer Yoga-Praxis werden Sie sich einfach wohler in Ihrer Haut fühlen. Und schon nach ein paar Wochen können Sie sich über deutlich fühlbare und sichtbare positive Veränderungen freuen!

Leichtigkeit und Beweglichkeit

Die berühmte Leichtigkeit des Seins stellt sich immer dann ein, wenn Sie sich körperlich, seelisch und geistig wohl fühlen. Was den Körper betrifft, können Sie immer dann »Luftsprünge« machen, wenn Ihre Muskeln frei sind von Verspannungen, Ihre Haltung harmonisch aufgerichtet und Ihre Bewegungen im Gleichgewicht von Spannung und Entspannung. Der menschliche Körper ist für die Bewegung geschaffen – lassen Sie ihn in dieser Hinsicht zu kurz kommen, verlieren die Muskeln ihre Kraft und Elastizität, die Beweglichkeit lässt nach und die Durchblutung der Muskeln, des Bindegewebes und der Gelenke wird gestört. Der Körper fühlt sich zunehmend steifer und schwerfälliger an. Ihre Vitalität und Gesundheit leiden mehr und mehr unter diesen Einschränkungen.

Faszinierende Faszien ...

Körperliche Leichtigkeit und Beweglichkeit sind abhängig von dem Zustand der Muskeln und der Qualität des Bindegewebes. Hier spielt eine spezielle Art des Bindegewebes eine besondere Rolle, die so genannten Faszien. Diese Faszien sind netzartige Gewebeschichten, die unter anderem jeden Muskel umhüllen und bis zu 30 Prozent der gesamten Muskelmasse des Körpers ausmachen können. Ein gesundes Fasziengewebe ist frei von Spannungen und Verklebungen, gut durchblutet und elastisch. Die in den Asanas achtsam ausgeführten intensiven Dehnungen und der Aufbau von Kraft üben einen sehr positiven Einfluss auf das Bindegewebe und die Faszien aus.

... und muntere Muskeln

Gesunde, harmonisch entwickelte Muskeln sind kräftig, elastisch, flexibel und in der Lage sich bei Bedarf zu entspannen. Sie sind weder zu fest noch zu weich, weder zu kurz noch zu lang und ermöglichen einen ökonomischen Gebrauch des Körpers. Die täglichen Bewegungen laufen dann oft wie von selbst ab, da alles mit Leichtigkeit geht. Sie springen die Treppen hoch und können mühelos aufrecht und entspannt sitzen, gehen und stehen. Bewegung wird wieder zu dem, was sie ihrem Wesen nach ist: das Natürlichste der Welt.

Und jetzt zusammen!

Fast alle Bewegungen entstehen durch ein harmonisches Zusammenspiel von zwei Muskelgruppen. Ein Muskel (der Agonist) zieht sich zusammen, während ein anderer (der Antagonist) sich dehnt und entspannt. Das klassische Beispiel dieses Zusammenwirkens: Wenn Sie den Arm beugen, zieht sich der Bizeps an der Vorderseite Ihres Oberarmes zusammen, während der Trizeps an der Rückseite sich dehnt und entspannt. Ist dieses feine Spiel gestört, indem Muskeln regelmäßig einseitig belastet, überbeansprucht oder unharmonisch trainiert werden, leidet die Beweglichkeit immer mehr darunter. Wenn Sie beispielsweise joggen und danach die Muskulatur an der Rückseite der Oberschenkel nicht genügend dehnen, werden diese Muskeln zwar kräftig, aber sie verkürzen sich. Das Vorwärtsbeugen fällt Ihnen dadurch immer schwerer, und Ihre Knie und Hüftgelenke verlieren allmählich ihre Beweglichkeit.

Stabiler Halt für empfindliche Gelenke

Die Beweglichkeit kann auch zu groß sein, zum Beispiel durch Verletzungen, etwa einen Bänderriss, oder wenn neben intensivem Dehnen die Kräftigung vernachlässigt wird. Das betreffende Gelenk wird dann instabil und anfälliger für Verletzungen. Yoga kann hier helfen, die Gelenke durch kräftige, gut aufeinander eingespielte Muskeln zu entlasten und zu schützen.
Richtig ausgeführte Asanas, in einer sinnvollen Sequenz zusammengestellt, führen zu einem Gleichgewicht von Kraft und Beweglichkeit, Flexibilität und Entspannung. Sie verhelfen zu einem positiven Körper- und Lebensgefühl, zu einer kraftvollen Leichtigkeit und entspannten Vitalität.

INFO

UNSER SCHÖNSTES INSTRUMENT

Der amerikanische Geigenvirtuose Yehudi Menuhin (siehe auch Seite 15) drückte seine Begeisterung für Yoga in einem wunderbaren Vergleich aus: »Die Übung des Yoga gibt ein entscheidendes Gefühl für Maß und Proportionen. Auf unseren Körper bezogen, bedeutet dies, dass wir unser wichtigstes Instrument zu spielen und die größte Resonanz und Harmonie daraus zu ziehen lernen.«

Ein schützender »Muskel-Mantel«

Rund 650 Muskeln geben Ihrem Körper Form und Halt. An allen Bewegungen, von einfachen, selbstverständlich ablaufenden bis hin zu athletischen oder tänzerischen, sind zahlreiche Muskeln beteiligt – mehr, als Sie vielleicht denken. Hier ist also Teamwork gefragt, denn nur wenn alle Muskeln optimal zusammenarbeiten, bewegen Sie sich im Alltag und beim Sport locker und mühelos. Hier liegt ein weiteres großes Plus der Yoga-Asanas: Sie formen und kräftigen Ihren Körper auf eine sehr ausgewogene, natürliche Weise. Jeder Muskel kann genau das richtige Maß an Kraft aufbauen, um seine Aufgaben perfekt zu erfüllen. Dabei verkrampft und verkürzt sich die Muskulatur nicht, wie es bei einseitigen Belastungen im Alltag mit gleichzeitigem Bewegungsmangel leicht geschehen kann, aber auch bei einem eher einseitigen Training ohne genügend Dehnung häufig der Fall ist. Yogische Muskeln sind elastisch und »saftig«, leistungsfähig und ausdauernd – und ausgesprochen ästhetisch!

Rundum-Schutz für den Körper

Eine kräftige, harmonische und entspannte Muskulatur stabilisiert Wirbelsäule, Knochen und Gelenke und »erlöst« sie aus den auf Dauer schädigenden Fehlhaltungen, die wir uns im Alltag häufig unbewusst angewöhnt haben.
Durch mehr Kraft erhöht sich auch der so genannte Muskeltonus (die gesunde Grundspannung des Muskels). So werden Haut und Bindegewebe von innen gepflegt, gestrafft und vor verfrühten Abbauprozessen bewahrt.

INFO: EIN FASZINIERENDES ZUSAMMENSPIEL

Ihre Muskeln sind der aktive Part des so genannten Bewegungsapparates und arbeiten mit dem passiven Teil, also mit Sehnen, Bändern, Knochen und Gelenken, eng zusammen. Das Gleichgewicht dieses komplexen Zusammenwirkens ist sehr empfindlich, wobei die Muskeln eine Schlüsselrolle einnehmen: Die Gesundheit aller Teile des Bewegungsapparats hängt von ausgewogen trainierten, beweglichen (und viel bewegten) Muskeln ab. Denn diese schützen und trainieren Sehnen, Bänder, Knochen und Gelenke und bewahren sie vor Abnutzung.

Selbstbewusstsein und entspannte Haltung

Unsere von der Natur vorgesehene Körperhaltung ist entspannt, elastisch und beschwingt, Ausdruck von Lebendigkeit und Anmut. Häufig ist uns aber gar nicht bewusst, wie wir die Schultern in eine »Schutzhaltung« hochziehen und den Rücken rund machen. Oder wir lassen die Wirbelsäule sich nach vorn in ein Hohlkreuz biegen, beispielsweise weil wir nicht mehr auf die Unterstützung unserer vernachlässigten Bauchmuskulatur zählen können.

Bewegung in Balance

Um dem Sog der Schwerkraft in jeder Körperhaltung etwas entgegenzusetzen, brauchen wir kräftige, flexible Muskeln und eine Wirbelsäule im natürlichen Gleichgewicht. Jede Abweichung aus dieser Balance bringt das Zusammenspiel des Bewegungsapparats durcheinander und führt zu verkrampften, verhärteten und verkürzten Muskeln. Sobald die Wirbelsäule ihre natürliche wellenförmige Schwingung verliert, müssen die Muskeln unnötig arbeiten, um die Haltung zu bewahren. Dadurch verspannen und ermüden sie schnell.

Yoga hilft uns dabei, unseren Körper sensibler wahrzunehmen. Während die Asanas die Muskulatur kräftigen und dadurch der Wirbelsäule und den Gelenken Halt geben, entwickeln wir zugleich ein feineres Gespür für alltägliche Fehlhaltungen und -belastungen. Wir finden die Freude an (mehr) Bewegung wieder – ohne dabei in einer erzwungenen, statischen Haltung zu erstarren. Haltung ist ein Spiel mit dem Gleichgewicht, das man nicht »hat«, sondern immer wieder finden muss; freie, entspannte Bewegung, die nicht anstrengt.

Eine aufrechte innere Haltung, Ihre aktuellen Gefühle, die »Pegel« von Energie und Selbstbewusstsein werden in Ihrer Körperhaltung sichtbar. Umgekehrt fühlen Sie sich mit einer schönen, natürlichen Haltung rundum wohler und gewinnen eine sehr selbstbewusste, anziehende und interessante Ausstrahlung.

Anmut und Kraft in Harmonie – für diese Inderinnen ganz selbstverständlich.

Unsere Haut – eine sensible und aktive Hülle

Die Funktionen der Haut sind vielfältig und lebenswichtig. Sie bedeckt als schützende Hülle unseren Körper, sie ist die große Schnittstelle zwischen der inneren und der äußeren Welt, und ihre sinnliche Empfindsamkeit macht sie zu unserem größten Sinnesorgan. Doch die Haut nimmt nicht nur wahr – sie ist aktiv. Hormone und Abwehrstoffe werden in dieser Apotheke des Körpers gebildet. Nur mithilfe der Haut und ihrer Fähigkeit, Licht aufzunehmen, kann der Körper das wichtige Vitamin D bilden. Um den Wärmehaushalt zu regulieren, zieht die Haut sich bei Kälte zusammen, öffnet die Poren und schwitzt bei Hitze.
Über den Schweiß transportiert sie Abfallstoffe aus dem Körperinneren heraus und wird deshalb oft auch als »zweite Niere« bezeichnet. Täglich leitet sie, auch bei gemäßigter Temperatur, etwa 1 1/2 Liter Wasser pro Tag aus dem Körper. Und: Sie verleiht uns unseren ganz individuellen Körperduft.
Aber die Haut ist nicht nur Schutzhülle und »Fabrik«. Sie hat auch Persönlichkeit und ist ein Spiegel Ihrer Seele, da sie Ihre Gefühle zutage bringt: Sie erröten, werden blass oder bekommen eine Gänsehaut.

Mit Yoga stecken Sie gern in Ihrer Haut

Damit die Haut gesund bleibt und ihre vielen Aufgaben erfüllen kann, ist es wichtig, dass wir sie pflegen – nicht nur von außen mit sanfter Kosmetik, sondern vor allem von innen. Das Praktizieren der Yoga-Asanas wirkt vielfach positiv auf Ihre Haut: Stoffwechsel, Verdauung und Ausscheidungen werden angeregt, was dem Hautbild sehr zugute kommt. Das Bindegewebe wird gefestigt und die Durchblutung der Haut und der darunter liegenden Gewebe wird angeregt.

Das innere Leuchten

Das sichtbarste Ergebnis dieser Vorgänge: Ihre Haut wird rosig und leuchtend und Ihre Gesichtsmuskeln entspannen sich. Das beugt nicht zuletzt der Faltenbildung vor beziehungsweise glättet bereits vorhandene Falten. Die kräftigeren Muskeln und das feste Bindegewebe straffen Ihre Haut von innen.
Yoga bietet all die Voraussetzungen, die Sie für eine schöne, gesunde Haut brauchen: die Pflege von Körper und Geist, eine gesunde Ernährung und erholsamer Schlaf. Mit Yoga fühlen Sie sich immer wohler in Ihrer Haut!

Yoga-
Know-how

Das Üben der Yoga-Asanas gelingt Ihnen spielend leicht, wenn Sie sich gut vorbereiten. Ein schöner Platz, ein guter Zeitpunkt, Achtsamkeit für den eigenen Körper und seine individuelle Konstitution, für Atem und Bewegung: Das alles macht – gemeinsam mit den Asanas zum genüsslichen Aufwärmen und als entspannender Abschluss – aus Ihrer Yoga-Praxis eine runde Sache.

Ayurvedische Körper- und Bewegungstypen

Yoga und Ayurveda, zwei nah verwandte Wissenschaften, haben sich im alten Indien entwickelt. Ayurveda bedeutet »Weisheit des Lebens« und ist die klassische indische Medizin, die Lehre von der Selbstheilung mit dem Ziel körperlicher und seelischer Gesundheit. Ernährungs- und Kräuterheilkunde, Massagen, Öl- und Reinigungsbehandlungen, Klangtherapie, Astrologie, Yoga und Meditation: All dies gehört zum Schatz des Ayurveda.

Die drei Doshas

Nach der ayurvedischen »Tridoshalehre« wirken im menschlichen Körper drei Lebenskräfte zusammen: die Doshas Vata, Pitta und Kapha. Jeder Mensch wird nach den Lehren des Ayurveda mit seiner individuellen Dosha-Konstitution geboren, der einzigartigen Kombination von Vata, Pitta und Kapha, die im Ayurveda »Prakriti«, die Urnatur eines Menschen, genannt wird.

Die (bewegliche) Balance der Kräfte

Sind die Doshas ausgewogen und im Gleichgewicht, so ist der Mensch gesund, voller Lebenskraft und in Harmonie mit sich und seiner Umwelt. Entsteht dagegen

ein Ungleichgewicht der Doshas, können sich Unwohlsein und Krankheit entwickeln. Im Ayurveda bedeutet Heilung deswegen, das Gleichgewicht der drei Lebensenergien im Körper, im Geist und in der Seele wiederherzustellen.
Beide Systeme – Ayurveda und Yoga – betonen die vorbeugende Medizin. Diese beinhaltet auch, dass der Mensch die Verantwortung übernimmt für die eigene körperliche Gesundheit und das eigene geistige und seelische Wohlbefinden.
Auch wenn die einem Menschen angeborene Dosha-Konstellation sich nicht ändert, wird das Gleichgewicht der drei Prinzipien im Laufe des Lebens doch immerzu von äußeren Faktoren, wie etwa Ernährung, Lebensstil, besonderen Ereignissen, von Jahres- und Tageszeit sowie von seiner Umgebung beeinflusst.

Gesundheit = Gleichgewicht

Wenn eines der Doshas nicht mehr nur leicht überwiegt, sondern übermäßig dominant wird, dann verursacht dies ein Ungleichgewicht, aus dem eine Krankheit resultieren kann. Im Ayurveda geht man (neben der eigentlichen Therapie) auf ein solches Ungleichgewicht mit Ratschlägen zur Ernährung und zum Verhalten ein, um das »übermütige« Dosha wieder in Balance zu bringen. Auch Bewegung ist eine hervorragende Möglichkeit, harmonisierend auf das Zusammenspiel der drei Kräfte einzuwirken.

Yoga-Übungspraxis mit den Doshas

Die Doshas bestimmen unter anderem Ihre Konstitution, Ihren Körperbau, Ihre Vorlieben und Abneigungen, Ihren Bewegungstyp und Ihr Temperament. Auf den folgenden Seiten lesen Sie, wie Sie in Ihrer regelmäßigen Yoga-Praxis Ihre individuelle Dosha-Konstellation berücksichtigen können.

Den eigenen Typ bestimmen

Auch wenn Sie sich nicht ganz eindeutig einem Typ zuordnen können und stattdessen bei allen Doshas etwas für Sie Zutreffendes finden, werden Sie wahrscheinlich feststellen, dass ein Typ bei Ihnen im Vordergrund steht. Die entsprechenden Tipps unterstützen Sie dann beim wirksamen Üben. Wenn Sie Ihren ayurvedischen Konstitutionstyp kennen, können Sie die Asanas ganz Ihren (augenblicklichen) Bedürfnissen anpassen.
Mithilfe der Charakterisierungen auf den nächsten drei Seiten finden Sie heraus, welches Ihr Konstitutionstyp ist, welches Dosha also bei Ihnen vorherrscht.
Die Beschreibungen und entsprechenden Tipps sind bewusst übersichtlich und einfach gehalten und sollen hier als Anregung dienen, wie Sie Ihr inneres Gleichgewicht erforschen und pflegen können. Buchtipps zum Ayurveda finden Sie übrigens auf der Seite 122.

Der Vata-Typ

Dieser Typ verkörpert das luftige, leichte Prinzip. Er hat einen feingliedrigen, zarten Körperbau, ist oft sehr schlank mit etwas hervorstehenden, feinen Knochen. Vatas sind entweder recht groß oder sehr klein. Ihre Muskeln sind eher gering entwickelt und ihre Gelenke werden von lockeren Bändern zusammengehalten. Vata-Typen neigen dazu, schnell abzunehmen.
Vatas sind sensibel, oft unruhig, manchmal recht nervös, mit schnellem Verstand, aber nicht unbedingt einem super Gedächtnis. Sie haben oft trockene, immer leicht bräunliche Haut und feines, eher trockenes Haar. Häufig treten besonders an den Händen die Adern stark hervor.

Der Vata-Bewegungstyp

Vatas lieben und genießen die Bewegung. Sie werden zappelig, wenn sie lange stillsitzen müssen. Ihre Bewegungen sind schnell und unstetig. Sie lieben es, Neues zu entdecken und auszuprobieren. Bei allem, was sie tun und planen, sind sie hoch motiviert, geben jedoch schnell wieder auf. Das liegt oft daran, dass sie sich in ihrer Begeisterung überanstrengt haben!

INFO

ÜBUNGSTIPPS FÜR »VATAS«

Vatas tendieren dazu, mit zunehmendem Alter steif in den Gelenken zu werden. Da sie jedoch häufig mit viel Begeisterung üben, können sie auch überflexibel werden und sich häufiger verletzen. Für Vatas ist es deshalb wichtig, sich allmählich und kontrolliert, aber ausgiebig aufzuwärmen und langsam und vorsichtig, in fließender Bewegung zu üben.

SCHLÜSSELWORTE FÜR DIE PRAXIS

Ruhig, langsam, erdend, kräftigend, regelmäßig.

ASANAS FÜR DEN »LUFTIGEN« VATA-TYP

- Im Allgemeinen sind alle Asanas gut für Vata-Typen geeignet. Besonders zu empfehlen sind: Vorwärtsbeugen, Übungen aus der Standposition, die ein intensives Gefühl der Erdung vermitteln, die Kindposition, der Bogen und die Tiefenentspannung.
- Vata-Typen sollten Übungen und Abläufe meiden, die extrem stimulierend sind, beispielsweise viele Runden schnell ausgeführter Sonnengrüße. Bewusst und langsam fließend ausgeführte, wenige Runden dagegen sind sehr gut.
- Viel Kraft erfordernde Asanas sollten nicht zu lange gehalten werden. Wenige Atemzüge, wie sie in den Übungsbeschreibungen angegeben sind, reichen aus.
- Bei Vorwärtsbeugen, Drehungen und sitzenden Asanas dagegen ist ein längeres Halten der Position sehr zu empfehlen.

Der Pitta-Typ

Pitta stellt das dynamische, energetische Element Feuer dar. Pitta-Typen sind meist durchschnittlich groß und bei mittlerem Gewicht und normalem Knochenbau recht muskulös. Sie haben bewegliche Gelenke und geraten leicht ins Schwitzen. Pittas essen gern und viel, nehmen dabei aber nicht übermäßig zu. Pittas sind sehr dynamische, unternehmungslustige Typen mit einem lebhaften, bisweilen ungeduldigen, aufbrausenden Temperament, die auch sehr eigenwillig sein können. Sie lieben es, zu flirten, sind neugierig, intelligent und erfinderisch. Pitta-Typen haben eine weiche, gut durchblutete rosig-gelbliche Haut, die oft viele Sommersprossen aufweist. Ihr Haar ist meist hell, oft blond bis rotblond.

Der Pitta-Bewegungstyp

Pittas lieben die Herausforderung und den Wettkampf, sind sehr ehrgeizig und mögen es gar nicht, ein Ziel nicht zu erreichen. Sie sind sehr beweglich, ihre Kondition ist dagegen eher durchschnittlich. Was sie antreibt, trotzdem bis zur Erschöpfung durchzuhalten, ist ihr starker Wille.

ÜBUNGSTIPPS FÜR »PITTAS«

INFO

Pitta-Typen ist vor allem zu raten, locker und mit viel Spaß zu üben, ohne ein bestimmtes Ziel vor Augen zu haben, das sie unbedingt erreichen wollen. Sonst überanstrengen sie sich und heizen das Element Feuer in sich noch mehr auf. Sie sollten beim Üben mehr Gelassenheit entwickeln und darauf achten, dass sie sich nicht überhitzen.

SCHLÜSSELWORTE FÜR DIE PRAXIS

Kühlend, entspannend, hingebungsvoll, sanft.

ASANAS FÜR DEN »FEURIGEN« PITTA-TYP

Die besten Asanas für den Pitta-Typ sind beruhigend und nicht übermäßig erhitzend. das Üben sollte auf keinen Fall in ein »hartes Training« ausarten.

- Pittas profitieren von Asanas mit einem Schwerpunkt auf der Nabelgegend – sie lösen Pitta-typische Verspannungen im Bauchraum. Vorteilhaft sind der Bogen, die Schlange, das Boot, Vorwärtsbeugen und Drehungen, sowie Asanas im Stehen wie der Baum, stehender Halbmond und Vorwärtsbeuge aus der Grätsche.
- Pitta-Typen suchen die Herausforderung: Wenn sie auf dem Weg des Übens fortschreiten, werden sie vielleicht die hochwirksamen, schwierigen Umkehrpositionen wie Hand- und Kopfstand reizen (bitte nur mit Lehrer üben!). Diese sollten dann allerdings immer nur kurz gehalten werden.

Der Kapha-Typ

Kapha verkörpert das erdige, stabile Prinzip. Der Kapha-Mensch verfügt über einen kräftigen Körperbau, starke Knochen, kräftige Gelenke und rundliche, aber harmonische Formen, er ist meist klein oder sehr groß. Kaphas nehmen rasch zu, auch wenn sie eigentlich nicht dazu neigen, zu viel zu essen.
Kapha-Typen sind eher von der gemütlicheren Sorte. Sie lassen die Dinge gern langsam angehen. Nur selten bringt einen Kapha etwas aus der Ruhe. Er versteht vieles, hat ein ausgezeichnetes Gedächtnis. Die äußere Erscheinung und das Wesen eines Kapha haben etwas sehr Angenehmes, Ausgeglichenes. Der Kapha-Typ hat häufig eine recht helle, feste Haut und sehr kräftiges, dichtes Haar.

Der Kapha-Bewegungstyp

Kaphas lieben die Gemütlichkeit. Ihre Bewegungen sind langsam und gleichmäßig. Für sie ist es wichtig zu lernen, wie sie sich selbst zur Bewegung motivieren können. Sonst tendieren sie dazu, träge und unflexibel zu werden. Wenn sich der von Natur aus kräftige Kapha-Typ aber erst einmal in Bewegung gesetzt hat, verfügt er über eine große Ausdauer. Und wenn ihm etwas gefällt, bleibt er meist für lange Zeit dabei.

INFO

ÜBUNGSTIPPS FÜR »KAPHAS«

Kaphas sind meist nicht allzu geschmeidig und sollten daher Acht geben, dass sie sich nicht in Asanas hineinzwingen. Dies könnte zu Verletzungen führen.

SCHLÜSSELWORTE FÜR DIE PRAXIS

Anregend, bewegend, erwärmend, dynamisierend.

ASANAS FÜR DEN »ERDIGEN« KAPHA-TYP

Kapha braucht anregende und erhitzende Asanas, ein intensives Üben, das zum Schwitzen bringt und den Kreislauf anregt. Eher vermeiden sollte dieser Typ dagegen Vorwärtsbeugen, die extrem beruhigend wirken und den Brustkorb komprimieren. Kaphas sollten ihren Brustkorb eher öffnen.

- Dynamische, kraftvoll fließende Yoga-Stile (siehe Seite 16/17) und schnell ausgeführte Runden des Sonnengrußes mit mehreren Wiederholungen sind besonders geeignet.
- Ebenso hervorragend geeignet sind die Standpositionen und Rückwärtsbeugen wie die verschiedenen Kriegervarianten, der Bogen und die Brücke, sowie der Hund, die Heuschrecke, die Bauchdrehung und der Drehsitz.

Bevor Sie beginnen

Um mit Yoga zu beginnen, brauchen Sie keine teuren Anschaffungen und aufwändigen Vorbereitungen. Nur ein paar Dinge sollten Sie beachten. Auf den folgenden Seiten finden Sie alles, was Sie für Ihre Yoga-Praxis brauchen.
Eine ganz wichtige Rolle spielt im Yoga der Atem. Lesen Sie, wie sie ihn ganz gezielt und harmonisch mit den Asanas verbinden können. Er hilft Ihnen dabei, sich nicht zu überfordern und Ihre Grenzen und Möglichkeiten zu erforschen.

Wichtig ist es auch, einen geeigneten Zeitpunkt zu finden, an dem Sie in Ruhe und mit Achtsamkeit für Ihren Körper die Asanas machen können. Ein »positiver« Ort fürs Üben, an dem Sie sich wohl fühlen und nicht gestört werden, wirkt ebenfalls sehr unterstützend.
Es gibt aber auch Zeiten und Tage, an denen man lieber nicht üben beziehungsweise ein paar Ratschläge beachten sollte. Auch hierzu finden Sie alles, was Sie wissen müssen, auf den nächsten Seiten.

TIPP

DEN ATEM FLIESSEN LASSEN

- Zu Anfang halten Sie während des Übens vielleicht oft den Atem an. Erinnern Sie sich deshalb immer wieder daran, Ihren Atem bewusst fließen zu lassen.
- Wenn Sie spüren, dass Sie sich während des Übens verspannen, vertiefen Sie die Ausatmung. Dadurch können Sie Spannungen einfach wegatmen.
- Atmen Sie möglichst immer durch die Nase. Dadurch verlangsamt und vertieft sich Ihr Atem, die einströmende Luft wird gereinigt und aufgewärmt.

Der Atem

Eine tiefe Atmung ist für die körperliche, seelische und geistige Gesundheit von entscheidender Bedeutung. Daher wird im Yoga besonderer Wert darauf gelegt, sich seines Atems bewusst zu werden und ihn tief, lang, ruhig und wellenförmig fließen zu lassen (siehe auch Seite 22). Eine tiefe Atmung beruhigt, heilt, erfrischt, bringt Klarheit und Leichtigkeit und lässt Ihre Gedanken zur Ruhe kommen.

Den Atemfluss achtsam wahrzunehmen ist der erste Schritt, den eigenen Atem kennen zu lernen und Atem und Bewegung aufeinander abzustimmen.

Ihr hilfreichster Begleiter

Der Atem unterstützt Sie dabei, tiefer in die Asanas hineinzugehen – sich hineinzuatmen. Er hilft aber auch, Verspannungen wegzuatmen, und füllt die Asanas mit Leben. Fühlen Sie, wie sich während des Einatmens Ihr Brustkorb und Ihr Bauchraum weitet und wie sich die beiden bei der Ausatmung wieder zusammenziehen. Stellen Sie sich vor, wie Sie mit dem Einatmen ganz viel frische Energie in sich hineinfließen lassen und wie Sie mit der Ausatmung Altes und Verbrauchtes wegatmen und loslassen. Genießen Sie Ihren Atem und vertrauen Sie ihm: Er ist Ihr verlässlichster Helfer in Sachen Wohlbefinden und Gesundheit.

Work-in statt Workout

Viele Yoga-Asanas sind Vorbild für Übungen, die beispielsweise in der Gymnastik, beim Stretching oder Pilates zur Anwendung kommen. Die Unterschiede sind häufig erst auf den zweiten Blick zu entdecken. Sie liegen vorwiegend in der Art der Ausführung und der inneren Einstellung: Bei einem »Workout« werden die Übungen meist mechanisch in immer wiederkehrender Abfolge ausgeführt, wobei die Sinne eher nach außen gerichtet sind – häufig begleitet laute Musik das Training. Die einzelnen Muskeln werden isoliert bearbeitet, meist mit vielen Wiederholungen und großer Anstrengung, manchmal bis zur Erschöpfung. Man will sich eher »auspowern«, Energie loswerden.

Yoga dagegen ist ein Work-in: Sinne und Aufmerksamkeit sind nach innen gerichtet. In den Asanas wird der Körper bewusst wahrgenommen und erspürt: »Wo fühle ich die Dehnung, die Kräftigung am stärksten, wo bin ich etwas verkrampft und könnte mehr loslassen …« Es ist ein entspanntes, achtsames Üben. Auch der Atem wird bewusst wahrgenommen und eingesetzt, um unnötige Spannungen weg- und sich tiefer in die Asanas und ihre Wirkung hineinzuatmen. Durch diese nach innen gerichtete Achtsamkeit kommen auch Ihre Gedanken mehr zur Ruhe. Nicht nur Yoga, jeder Sport, jede Bewegung und jede Handlung in Ihrem Leben können so zu einem Work-in werden – durch bewusstes Beobachten, durch Achtsamkeit und geistige Konzentration.

Lassen Sie sich Zeit!

Gehen Sie immer nur so weit in eine Asana, wie es für Sie angenehm ist. Es geht im Yoga nicht darum, so schnell wie möglich in eine Haltung hineinzugehen. Lassen Sie sich Zeit, seien Sie neugierig und offen. Wenn Sie versuchen, gegen Widerstände Ihres Körpers eine »ideale« Haltung einzunehmen, können Verspannungen und Verletzungen die Folge sein. Schmerzen, Zittern und heftige Atmung sind Warnzeichen, dass Sie sich überlasten. Wenn Sie Ihre Grenzen wahrnehmen und akzeptieren, dann werden Sie viel eher Erfolge erzielen. »Flirten« Sie mit Ihren Grenzen, finden Sie heraus, wie weit Sie gehen können, ohne sich zu überlasten!

TIPP

ÜBERGÄNGE GESTALTEN

- Zum effektiven Üben gehören auch rechtzeitige Pausen. Wann immer Ihnen danach ist, gehen Sie zwischen zwei Asanas in die Kindposition (Seite 44): Diese Haltung löst Spannungen und beugt Überlastungen vor.
- Wechseln Sie nicht ruckartig, sondern fließend und entspannt von einer Asana zur anderen.

Mit spielerischer Neugier

Vor allem: Üben Sie mit Freude und Neugier, ohne sich unter Druck zu setzen. Sie müssen nichts »erreichen«, nicht möglichst schnell Erfolge erzielen. Der Anfang ist manchmal schwierig, aber sobald Sie einmal begonnen haben, spüren Sie, wie gut sich das Üben anfühlt. Und wie schön es ist zu beobachten, wenn Ihr Körper immer kräftiger, lockerer, beweglicher wird – und Ihr Geist klar, ruhig und heiter.

Individuell: die Übungsdauer

Um Ihnen Kraft und Beweglichkeit zu verleihen, sollten die meisten der Asanas etwa zwölf ruhige Atemzüge lang gehalten werden. Das heißt, Sie bewegen sich in die beschriebene Position hinein und atmen dann zwölfmal ein und wieder aus. Fangen Sie jedoch zu Beginn Ihrer Übungspraxis mit zwei bis drei Atemrunden an und steigern Sie sich von Mal zu Mal auf zwölf Atemrunden. Mit zwölf Runden können Sie wirksam Kraft und Beweglichkeit entwickeln.

Auf den Körper hören

Dies gilt allerdings nur als allgemeine Empfehlung, denn je länger eine Asana gehalten wird, umso intensiver ist die Wirkung. Yoga ist jedoch sehr individuell. Nehmen Sie Ihren Körper aufmerksam wahr: Ist heute einer dieser Tage, an denen Sie sich nur müde und schlapp fühlen? Dann verweilen Sie eher kurz in den Asanas. Wenn Sie dagegen geradezu energiegeladen und voller Kraft sind, dann probieren Sie aus, wie lange Sie in einer Asana bleiben können, ohne sich zu überlasten oder zu verspannen. Bleiben Sie dabei immer offen und spielerisch.

Wann und wo üben?

Natürlich können Sie jederzeit auch ganz spontan, auf einer Wiese, unter einem Baum, im Wohnzimmer, im Garten, in der Mittagspause im Büro … die Asanas üben. Tun Sie dies auch nach Herzenslust! Um Yoga zu einem ganz natürlichen, selbstverständlichen Teil Ihres Lebens, Ihres Alltags zu machen, empfiehlt es sich aber, für das Üben der Asanas auch einen festen Ort und regelmäßigen Zeitpunkt vorzusehen.

Vom richtigen Zeitpunkt

Finden Sie eine Tageszeit, die für Ihre Yoga-Übungen günstig ist, in der Sie nicht gestört werden und ausreichend Zeit nur für sich haben. Vielleicht ist es der frühe Morgen, wenn alles noch ganz still ist, der Abend, wenn der Tag ausklingt, oder aber die Mittagspause. Wie oft Sie üben wollen, sollten Sie ganz nach Gefühl entscheiden. Der Schlüssel zur erfolgreichen Yoga-Praxis heißt ohnehin

Regelmäßigkeit: Es ist besser, in kleineren Einheiten und dafür häufiger zu üben, als nur einmal in der Woche ein langes Programm durchzuziehen. Schon fünf bis zehn Minuten pro Tag bringen sehr viel!

Ihre kleine Oase im Alltag

Sie können, wie schon gesagt, fast überall üben, wo Sie Platz haben, sich ausgestreckt auf den Boden zu legen – im Schlaf- oder Wohnzimmer, im Büro, im Hotelzimmer oder im Garten.

Etwas ganz Besonderes ist es aber, wenn Sie sich einen festen Yoga-Platz schaffen. Eine kleine Ecke, nach Ihrem Geschmack schön gestaltet, Ihre Ruhe- und Entspannungs-Oase. Warm und gut gelüftet sollte sie sein und genügend Platz bieten, damit Sie sich genüsslich ausbreiten können.

HIER IST VORSICHT GEBOTEN

WICHTIG !

IM ALLTAG

- Es ist leicht, im Schwung der Begeisterung etwas zu viel zu üben. Hören Sie jedoch immer sehr gut auf Ihren Körper (siehe Seite 39/40).
- Wenn Sie gerade gegessen haben: Warten Sie nach einer größeren Mahlzeit etwa zwei Stunden, bevor Sie mit dem Üben beginnen.

BEI ERKRANKUNGEN UND VERLETZUNGEN

- Üben Sie nicht, wenn Sie akut erkrankt sind oder momentan Schmerzen haben. Üben Sie auch nicht, wenn Sie das Gefühl haben, beispielsweise eine Erkältung »auszubrüten«. Ihr Körper braucht dann Ruhe, um zu heilen.
- Lassen Sie sich unbedingt von einem Arzt oder Heilpraktiker, der sich mit Yoga auskennt, oder von einem therapeutisch erfahrenen Yogalehrer beraten, wenn Sie eine chronische Erkrankung oder gesundheitliche Einschränkungen haben.
- Das Gleiche gilt, wenn Sie gerade einen Unfall mit Verletzungen hinter sich haben.

WÄHREND DER »TAGE« UND IN DER SCHWANGERSCHAFT

- Während der Menstruation sollten Sie lieber sanftere Asanas machen und auf Übungen verzichten, die vorwiegend die Bauchmuskeln beanspruchen. Entspannende, lockernde Asanas, wie sie ab Seite 48 und 53 beschrieben werden, sind während der Menstruation als kleines Programm sehr angenehm.
- Auch in der Schwangerschaft ist Yoga sehr wohltuend, sowohl für die Mutter als auch fürs Kind. Allerdings gibt es hier speziell geeignete Übungen und Ratschläge. Wenn Ihr Bauch runder wird, ist ein Kurs »Yoga für Schwangere« sehr zu empfehlen!

Was Sie für Yoga brauchen

Der indische Yogameister B. K. S. Iyengar (siehe Seite 16) sagt: »Um die Asanas auszuführen, braucht man einen luftigen, sauberen Platz, eine Decke und Entschlossenheit.«
Für Yoga müssen Sie sich in der Tat keine teure Ausrüstung anschaffen. Sie brauchen keine Schuhe, da immer barfuß geübt wird. Vielleicht ein Paar weiche, nicht einengende Socken für die leichten Übungen während des Aufwärmens oder beim abschließenden Entspannen.

> Für manche Asanas ist auch ein Gurt (oder ein Handtuch) sehr hilfreich.

Sehr zu empfehlen ist allerdings eine rutschfeste Yogamatte, besonders wenn Sie auf einem Teppich oder rutschigen Boden üben. Auf Seite 123 finden Sie eine Adresse, bei der Sie gute Yogamatten bestellen können.
Für verschiedene Übungen ist auch eine feste Baumwoll- oder Wolldecke sehr nützlich. Sie kann gerollt oder gefaltet für Yogapositionen verwendet werden, bei denen beispielsweise Ihr Kopf eine Polsterung benötigt. Während der Tiefenentspannung können Sie sich damit zudecken, damit Sie nicht frieren.

Geeignete Kleidung wählen

Auch spezielle Yogakleidung ist nicht nötig. Allerdings sollten Sie zum Üben etwas Bequemes tragen, das nicht zu eng ist oder einschnürt. Zu locker oder gar »schlabberig« sollte Ihre Kleidung aber auch nicht sein – damit Sie sich ganz auf die Asanas konzentrieren können, statt sich um ein dauernd über den Kopf fallendes T-Shirt oder eine verrutschende Hose zu kümmern! Am besten ist leichte, anliegende Kleidung. Darin können Sie Ihre Haltung auch besser überprüfen: Sind in den stehenden Asanas die Knie in der richtigen Position? Wie ist es mit den Ellenbogen im Vierfüßlerstand …?
Ihre Yoga-Ausstattung ist also ganz unkompliziert. Das Wichtigste ist ohnehin: Begeisterung und spielerische Neugier!

KRAFT, RUHE UND ACHTSAMKEIT IM ALLTAG

Edda Baumann-von Broen ist 40 Jahre, hat ein Kind, ist Filmemacherin und Filmproduzentin. Sie findet im Yoga ihr ideales »Life-Forming«.

Was war deine Motivation, mit Yoga anzufangen?

Ich habe mit Yoga begonnen, als ich schwanger war, und habe sofort gemerkt, wie gut es mir tat. Als meine Tochter dann da war, wollte ich wieder in Form kommen und eine Balance zu meinem stressigen Leben finden. Für eine voll berufstätige Mutter gibt es selten Momente der Ruhe! Seit drei Jahren gehe ich wenn möglich 2- bis 3-mal die Woche zu Yogastunden. Einige Asanas praktiziere ich zu Hause und auf Reisen.

Welche Rolle spielen Bewegung und Bodyforming für dich?

Als Teenager war Sport ein wichtiger Teil meines Lebens. Später lebte ich in New York und ließ mich vom Fitnesswahn anstecken. Ich mochte meinen athletischen Körper sehr – bis auf meinen Bauch, der nie so straff war, wie ich ihn mir wünschte. Jedoch empfand ich den täglichen Sport mitunter als Qual: Spinning, Boxen, Squash, Aerobic – das fordert sehr viel Energie. Zurück in Deutschland trieb ich immer weniger Sport, da ich Fitness-Studios satt hatte. Unmerklich veränderte sich mein Körper: Ich war zwar schlank, aber auch schlaff. Nach Schwangerschaft und 10-monatiger Stillzeit habe ich mich dann gar nicht mehr wiedererkannt. Es musste etwas geschehen!

Hat Yoga einen Einfluss darauf, wie du dich im Alltag wahrnimmst?

Seit ich mit Yoga begonnen habe, ist mein Körper straffer und gefällt mir sogar besser als in meiner athletischsten Zeit. Ich habe das Gefühl, ein inneres »Korsett« halte mich aufrecht. Mein Gesicht ist entspannter, meine Haut schöner, ich habe mehr Energie und fühle mich viel jünger. Sogar der Bauch ist flacher, und das ohne spezifische Übungen. Für mich ist Yoga die ideale Bewegungsart, da es für Bewegungsfanatiker wie mich auch dynamische, fordernde Formen bietet. Der größte Gewinn für mich ist die Kraft, Ruhe und Achtsamkeit, die ich beim Yoga kennen gelernt habe. Ich kann nun besser Grenzen setzen. Nicht nur anderen, sondern auch mir selbst gegenüber. Ich höre mehr auf meinen Körper. Und ich nehme mich, wie ich bin. Dass die Oberarme nicht mehr wabbeln, ist natürlich ein schöner Nebeneffekt.

Vier Grundhaltungen für Ihre Yoga-Praxis

KINDPOSITION

Diese Haltung können Sie jederzeit zum Entspannen und als Ausgleich zwischen den Asanas einnehmen: Gehen Sie in den Fersensitz. Beugen Sie sich langsam aus der Hüfte heraus nach vorn, bis Ihre Stirn am Boden aufliegt. Der Po bleibt dabei auf den Fersen und die Arme dicht am Körper. Lassen Sie Ihre Schultern und Arme »im Boden versinken«. Genießen Sie das Loslassen und Entspannen.

VIERFÜSSLERSTAND

Kommen Sie auf alle viere, Ihre Hände sind dabei senkrecht unter den Schultern, die Knie senkrecht unter den Hüften. Die Finger weit spreizen und das Gewicht gleichmäßig auf den Handflächen verteilen. Drücken Sie sich mit den Händen weg vom Boden und werden Sie ganz weit zwischen den Schulterblättern. Richten Sie den Blick zum Boden, damit Ihr Nacken gestreckt bleibt, der Kopf ist in Verlängerung der Wirbelsäule.

DER BERG

Ihre Füße sind parallel hüftbreit geöffnet. »Verwurzeln« Sie die Fußsohlen gleichmäßig im Boden. Bewegen Sie das Steißbein leicht nach vorn, sodass Ihr Becken sich aufrichtet. Heben Sie das Brustbein etwas an und lassen die Schultern nach hinten unten fallen. Stellen Sie sich vor, eine Schnur an der Kopfkrone ziehe Sie hoch. Blicken Sie entspannt nach vorn.

FERSENSITZ

Knien Sie sich hin und setzen Sie sich auf Ihre Fersen. Legen Sie Ihre Hände auf die Oberschenkel. Strecken Sie sich vom Steißbein bis zur Kopfkrone. Lassen Sie die Schultern locker nach hinten unten fallen. Fällt es Ihnen anfangs schwer, sich auf die Fersen zu setzen, können Sie sich zwischen den Füßen ein Kissen oder eine gefaltete Decke unter den Po legen.

Lockern und Aufwärmen

Ebenso wie im Sport oder Tanz ist es auch im Yoga wichtig, nicht gleich voll loszulegen. Bereiten Sie sich mit leichten, entspannenden Asanas auf die anspruchsvolleren Positionen vor. Nicht nur Ihr Körper ist hier gefordert, sondern auch eine entspannte, achtsame Geisteshaltung, die ein wirkungsvolles Üben erst möglich macht. Durch vorbereitende Übungen lockern Sie Ihre Muskeln und Gelenke. Ihr Atem vertieft sich. Die Durchblutung wird angeregt, die Muskeln werden warm. Morgens verhilft Ihnen das Aufwärmen zu mehr Beweglichkeit nach dem langen Liegen. Abends hilft es, den Alltag hinter sich zu lassen. Ihr Geist kommt zur Ruhe und findet die Konzentration für das achtsame Üben. Beim Aufwärmen tauchen Sie langsam in Ihre Übungen ein.

Eine Wohltat für Körper und Seele

Vielleicht denken Sie: »Ach was, ich will doch nur zwei oder drei Asanas machen, um schnell etwas für einen straffen Bauch zu tun!« Trotzdem: Üben Sie nie mit unvorbereiteten, kalten oder verspannten Muskeln. Besonders nach einem langen, stressreichen Tag sollten Sie sich das angenehm lockernde Eintauchen gönnen. Aufwärmen ist ein Genuss. Es ist keine mechanisch ausgeführte Vorbereitungsphase, die man lieber überspringen würde, wenn sie nur nicht so notwendig wäre. Wichtig beim Yoga ist immer das »Wie«. Aufwärmen ist nicht wie ein Schalter, mit dem Sie den Körper auf Bewegung einstellen. Bereiten Sie sich auf Ihre Asanas vor wie für ein wohltuendes Bad oder ein relaxtes Teestündchen. Ihr Körper wird die Aufwärmübungen dann in angenehmer Erinnerung behalten und Ihren Nerven und Synapsen, Ihrem Atem und allen Muskeln Vorfreude signalisieren, wenn Sie sich das nächste Mal aufs Üben vorbereiten. So kann sich ein harmonisches Zusammenwirken aller Systeme in Ihrem Organismus aufbauen. Die Übungen auf den folgenden Seiten dienen vor allem der wichtigen Vorbereitung und Dehnung der empfindlichen Wirbelsäule. Fürs Aufwärmen des gesamten Körpers ist dann der Sonnengruß (ab Seite 110) »zuständig«. Auch die Entspannungsübungen (ab Seite 53) eignen sich – vor allem bei Schmerzen und Verspannungen im Rücken – gut zum Dehnen und Aufwärmen.

DEN GEIST »AUFWÄRMEN«

INFO

Das Aufwärmen hilft Ihnen auch, sich mental aufs Üben einzustellen, loszulassen und zu entspannen sowie zu Achtsamkeit und Konzentration zu finden.

- Fragen Sie sich: Wie fühle ich mich heute, was meldet mir mein Körper? Möchten Rücken, Beine oder Nacken etwas mehr Zeit und Aufmerksamkeit? Wie ist meine Stimmung? Ungeduldig und genervt oder zufrieden und entspannt?
- Sie brauchen aber keine »seelische Inventur«, keine anstrengende Auseinandersetzung mit sich selbst vorzunehmen. Wichtig ist, dass Sie sich so akzeptieren, wie Sie sich im Moment fühlen. Legen Sie mit der Alltagskleidung einfach alles weg, auch eigene Erwartungen wie »Ich muss mich jetzt ganz schnell entspannen und gut fühlen oder ich versage!«. Wenn solche Gedanken auftauchen, nehmen Sie sie zur Kenntnis, lassen Sie sie wieder gehen und vertiefen sich weiter in Ihre Übungen.
- Dieses achtsame Aufwärmen und das anschließende Entspannen verwandeln das reine Üben der Asanas in eine tief wirkende Yoga-Praxis.

1 10- bis 12-mal

2

Die Asanas

Leichte, fließend ausgeführte und mit dem Atem (siehe Seite 38) verbundene Übungen wie die auf diesen Seiten gezeigten sind besonders geeignet, Ihren Körper zu lockern und Ihren Atemrhythmus zu vertiefen.

Katzenbuckel – Chakravakasana

- **Wirkung:** Lockert und entspannt die Rückenmuskulatur und macht die Wirbelsäule beweglich.
- Aus dem Vierfüßlerstand bewegen Sie langsam Ihr Steißbein nach unten und vorn und runden Ihren Rücken wie einen Katzenbuckel. Ziehen Sie dabei Ihren Bauchnabel sanft Richtung Wirbelsäule und das Kinn Richtung Brust. 1
- Bewegen Sie nun langsam das Steißbein nach oben und das Brustbein nach vorn und oben, heben Sie dabei den Kopf leicht an und ziehen Sie das Kinn etwas zur Brust, damit Ihr Nacken lang bleibt. Bringen Sie Ihren Rücken in eine leichte Rückbeuge (ein sanftes Hohlkreuz). 2
- Bewegen Sie sich nun fließend von einer Position in die andere. Atmen Sie aus, wenn Sie den Rücken rund machen, und atmen Sie in der Rückbeuge ein. Den Ablauf 10- bis 12-mal wiederholen.

Durchfädeln

- **Wirkung:** Macht den Schulterbereich locker und beweglich.
- Kommen Sie in den Vierfüßlerstand und »fädeln« Sie langsam die linke Hand unter dem rechten Arm durch. Legen Sie dabei in fließender Abfolge den Unterarm, den Oberarm, die Schulter und den Kopf am Boden auf, Ihr Blick geht nach rechts. 3
- Kommen Sie langsam in der umgekehrten Abfolge wieder zurück: Erst den Kopf, dann die Schulter, nun den Unterarm anheben und wieder »ausfädeln«.
- Wiederholen Sie den Übungsablauf nun auf der anderen Seite – wechseln Sie mit fließendem Atem von Seite zu Seite: Beim Ausatmen den Arm »einfädeln«, beim Einatmen zurück in den Vierfüßlerstand. Diesen Ablauf insgesamt 2- bis 3-mal wiederholen.

3 2- bis 3-mal

Sitzende Schlange

- **Wirkung:** Dehnung und Kräftigung der Arme und Schultern, starke Dehnung der Muskeln an der Vorderseite des Brustkorbes, dadurch intensive Vertiefung der Atmung.
- Gehen Sie in den Fersensitz. Falten Sie Ihre Hände hinter dem Rücken und ziehen Sie die Schulterblätter zueinander.
- Bewegen Sie mit dem Einatmen die Hände und Arme, so weit es für Sie angenehm ist, weg vom Rücken. Spüren Sie die angenehme Weite in Ihrem Brustkorb. 1
- Mit dem Ausatmen senken Sie die Arme wieder. Den Ablauf 6- bis 8-mal in Ihrem Atemrhythmus wiederholen.

1 6- bis 8-mal

INFO

LÄCHELND LOCKERN

Der vietnamesische buddhistische Mönch und Zen-Meister Thich Nhat Hanh (siehe »Bücher, die weiterhelfen«, Seite 122) gibt zahlreiche Anregungen für eine wirkungsvolle Übungspraxis. Hier zwei davon:

- »Für unser Alltagsleben ist es wichtig, dass wir lernen, Harmonie und Entspannung im Körper zu schaffen und Körper und Geist eins werden zu lassen.«
- »Die beste Methode, alle Muskeln des Körpers zu entspannen, ist beim Üben sanft zu lächeln.«

Päckchen – Apanasana

- **Wirkung:** Bewirkt eine intensive Dehnung der Rücken- und Nackenmuskulatur und lockert die Wirbelsäule.
- Ziehen Sie beide Beine angewinkelt zum Oberkörper heran. Legen Sie Ihre Hände um die Knie und ziehen Sie die Beine noch weiter Richtung Brust.
- Heben Sie nun den Oberkörper an und führen Sie die Stirn Richtung Knie. Werden Sie ganz rund, wie ein »geschnürtes« Päckchen oder wie eine zusammengerollte Decke. 2
- Bleiben Sie einige Atemzüge lang in dieser Asana, dann lösen Sie die Haltung sanft wieder auf.

2 Einige Atemzüge – nach Gefühl

Nadelöhr

- **Wirkung:** Dehnung von Hüften, Oberschenkeln, Po und Leisten, Entspannung der Rückenmuskulatur.
- Stellen Sie die Beine angewinkelt auf, Füße hüftbreit auseinander.
- Legen Sie den rechten Fuß über das linke Knie. Greifen Sie mit den Händen um die Rückseite des linken Oberschenkels, wenn möglich falten Sie die Hände oder greifen Sie mit den Händen um das Knie oder das Schienbein. Ziehen Sie mit den Schultern weg von den Ohren, sodass Ihr Nacken lang wird. Entspannen Sie die Schultern. 1
- Falls sich dabei Ihr Nacken verspannt, legen Sie sich eine gefaltete Decke oder ein flaches Kissen unter den Kopf.
- Kurz halten, dann die Seite wechseln.

1 Einige Atemzüge – nach Gefühl

2 5 bis 15 Minuten

Tiefenentspannung – Shavasana

- **Wirkung:** Zu Anfang kommt es Ihnen vielleicht sinnlos und langweilig vor, einfach nur so dazuliegen. Shavasana hat aber eine sehr starke positive Wirkung auf Körper und Geist. Machen Sie Shavasana auch tagsüber, wann immer Sie sich verspannt und müde fühlen.
- Sie liegen ganz bequem auf dem Rücken, Ihre Beine sind ausgestreckt und etwa hüftbreit auseinander. Lassen Sie Ihre Füße locker nach außen fallen.
- Strecken Sie die Arme mit etwas Abstand zum Körper nach unten aus, Ihre Handflächen weisen nach oben.
- Ziehen Sie die Schultern leicht nach unten, weg von den Ohren und ziehen Sie Ihr Kinn etwas zur Brust. Werden Sie ganz lang im Nacken. Legen Sie sich ein Kissen oder eine gefaltete Decke unter den Kopf.
- Schließen Sie die Augen. Lassen Sie Ihre Gesichtsmuskeln ganz weich werden.
- Nehmen Sie Ihren Atem intensiv wahr. Mit jedem Ausatmen lassen Sie mehr los. Tauchen Sie tief in die Entspannung ein. Liegen Sie so für mindestens 5, am besten 10 bis 15 Minuten. 2
- Fangen Sie nun langsam wieder an, sich zu bewegen: Zuerst regen sich Finger und Hände, Zehen und Füße. Gehen Sie über ins Räkeln und genüssliche Strecken. Rollen Sie sich auf die rechte Körperseite und kommen Sie langsam über die Seitlage hoch in den Sitz.

Fit, schön und stark

Jetzt kann's losgehen: Für jeden Körperbereich finden Sie hier die wirksamsten Yoga-Übungen jeweils in einer runden, stimmigen Abfolge. Wenn Sie sich mit den Grundpositionen ab Seite 44 vertraut gemacht und sich aufgewärmt haben, können Sie nun also gleich beginnen. Viel Spaß mit Adler, Schlange, Delfin & Co!

Schultern, Arme und Brust

Das Training der Schultern und Arme steht meist nur bei den Männern an erster Stelle. Frauen haben weniger Verlangen nach muskulösen Schultern und gewölbtem Bizeps. Dieser Bereich gewinnt allerdings an Interesse, wenn die Rückseite der Oberarme zu erschlaffen beginnt, der Busen mehr Halt gebrauchen könnte und Ihnen beim Heben und Tragen immer häufiger die Kraft ausgeht. Oft sind die Muskeln des Oberkörpers bei Frauen eher schwach entwickelt. Die hier beschriebenen Asanas sind deshalb vielleicht zu Anfang eine Herausforderung, werden Ihnen aber bald leichter fallen. Die Asanas geben Ihnen mehr Kraft, wohlgeformte Arme mit langen, schlanken Muskeln und schön gerundete Schultern. Starke, bewegliche Arme und Schultern entlasten Rücken und Nacken. Sie unterstützen eine harmonische Haltung und geben Ihnen mehr Kraft und Leichtigkeit. Schulterbereich und Nacken werden locker und entspannt.

Die Muskeln des Oberkörpers

Schultern

Das Schultergelenk ist eines des beweglichsten Gelenke des Körpers und wird vorwiegend von Muskeln und Bändern zusammengehalten und stabilisiert. Wichtigster Schultermuskel ist der so genannte Deltamuskel. Dieser Muskel ist an fast jeder Bewegung des Oberkörpers beteiligt. Er gibt den Schultern ihre schöne, gerundete Form und macht möglich, dass Sie Ihre Arme heben und drehen können. Der Deltamuskel ist häufig zu schwach. Ein guter Test, um seine Kraft zu prüfen: Strecken Sie Ihre Arme seitlich aus, Hände in Schulterhöhe. Wenn Sie Ihre Arme gestreckt nicht eine Minute lang entspannt halten können, haben Ihre »Deltas« zu wenig Kraft.

Brustmuskeln

Ein weiterer wichtiger Muskel des Oberkörpers ist der Große Brustmuskel. Der »Pectoralis« bedeckt den vorderen Brustkorb und gibt auch dem Busen Halt. Mit seiner Hilfe heben wir die Arme, ziehen sie zum Körper, drehen sie nach innen. Der Große Brustmuskel neigt dazu, sich zu verspannen und zu verkürzen. Dadurch zieht er die Schultern nach vorn und unten. Ein Haltungsfehler kann so entstehen: der Rundrücken. Durch die Asanas, die den Großen Brustmuskel dehnen, lockert und weitet sich Ihr Brustkorb, und Ihr Oberkörper richtet sich auf. Ihre Ausstrahlung wird offener und selbstbewusster. Nicht zuletzt gewinnt Ihr Busen an Halt und Festigkeit.

Hals und Nacken

Der Kapuzenmuskel oder *m. trapezius* ist der Hauptakteur im Nackenbereich: Er bestimmt Ihre Kopf-, Nacken- und Schulterhaltung und formt die seitliche Halskontur. Bei Verspannungen im Nackenbereich mit daraus resultierenden Kopfschmerzen ist meist ein verkürzter, verspannter »Trapezius« verantwortlich. Mit den Asanas können Sie Ihre Nackenmuskulatur sowohl stärken als auch lockern.

Arme

Bizeps und Trizeps sind die Hauptmuskeln der Arme, ein eingespieltes Team. Der Bizeps verläuft an der Vorderseite des Oberarmes. Er beugt den Arm und wird im Alltag häufig beansprucht. Der Trizeps auf der Rückseite des Oberarmes wird aktiv, wenn Sie den Arm strecken. Er wird oft vernachlässigt, sodass die Rückseiten der Oberarme an Festigkeit verlieren. Mit den Asanas bringen Sie das Kräfteverhältnis Ihrer Armmuskeln ins Gleichgewicht.

Die Asanas

Das Brett – Chaturanga Dandasana

- **Wirkung:** Kräftigt Schultern, Arme und Handgelenke, Rücken und Bauch.
- Kommen Sie in den Vierfüßlerstand. Ihre Hände befinden sich senkrecht unterhalb der Schultern. Ihr Blick ist zum Boden gerichtet, sodass Ihr Nacken lang wird. Den Bauchnabel leicht nach innen ziehen, ohne jedoch den Bauch anzuspannen.
- Stellen Sie die Füße auf und strecken Sie langsam zuerst das eine, dann das andere Bein nach hinten aus, ohne das Becken abzusenken oder anzuheben. Ihr Körper bildet eine kraftvolle Linie von den Fersen bis zur Kopfkrone.
- Drücken Sie sich kräftig mit den Händen weg vom Boden. Spüren Sie dabei, wie der Raum zwischen den Schulterblättern ganz weit wird. 1
- Gehen Sie 1- bis 2-mal in diese Position.

Wichtig: Achten Sie darauf, dass sich Ihre Handgelenke genau unterhalb der Schultern befinden. Verteilen Sie das Gewicht gleichmäßig auf die Handflächen.

1 1- bis 2-mal

2 1-mal pro Seite

3

Seitbalance – Vasishtasana

- **Wirkung:** Kräftigt Handgelenke, Arme und Schultern, fördert die Beweglichkeit der Schultern, kräftigt Bauch, Rücken und Beine.
- Gehen Sie in die Brettposition (linke Seite). Drehen Sie sich nach rechts; dabei verlagert sich Ihr Gewicht auf den linken Arm. Drücken Sie sich mit der linken Hand kräftig vom Boden weg.
- Rollen Sie sich auf die Außenseite des linken Fußes ab. Machen Sie mit dem rechten Fuß einen Schritt nach vorn, sodass der Fuß etwa auf Kniehöhe ist. Das rechte Bein stellen Sie angewinkelt auf, die Fußspitze zeigt nach rechts.
- Strecken Sie den rechten Arm nach oben Richtung Decke aus. Wenden Sie Ihr Gesicht entweder nach oben, zur Seite oder zum Boden, je nachdem, in welcher Haltung es am entspannendsten für Ihren Nacken ist.
- Strecken Sie den Rücken und machen Sie den Brustkorb ganz weit. 2
- Verweilen Sie einige Atemzüge in dieser Haltung. Gehen Sie dann langsam über den Vierfüßlerstand in den Fersensitz. Kreisen Sie Ihre Handgelenke, um sie zu lockern. Wechseln Sie zur anderen Seite.
- **Für Fortgeschrittene:** Die Bewegungsausführung bleibt bei dieser schwierigeren Variante gleich, nur lassen Sie jetzt beide Beine gestreckt und legen sie aufeinander. Auch Ihre Füße liegen aneinander. Stellen Sie sich vor, Ihre Fußsohlen stünden auf festem Boden, und strecken Sie Ihren Körper von den Füßen bis zur Kopfkrone. 3

Wichtig: Verteilen Sie den Druck, der auf Ihre Standhand wirkt, möglichst gleichmäßig über die ganze Handfläche und die Finger und drücken Sie sich kräftig weg vom Boden. So entlasten Sie Ihre Handgelenke.

Delfin

- **Wirkung:** Eine der besten Asanas für mehr Kraft und Beweglichkeit im Schulter- und Armbereich.
- Kommen Sie in den Vierfüßlerstand und legen Sie Ihre Unterarme am Boden auf, die Ellenbogen sind schulterbreit auseinander, Wirbelsäule und Kopf bilden eine Linie.
- Falten Sie nun die Hände und ziehen Sie die Schultern weg von den Ohren, sodass Ihr Nacken lang wird.
- Stellen Sie die Füße auf und ziehen Sie mit dem Becken Richtung Decke. Strecken Sie so weit es angenehm ist die Beine und drücken Sie sich mit den Unterarmen und Händen kräftig weg vom Boden.
- Verlagern Sie so weit es Ihnen möglich ist das Gewicht nach hinten zu Ihren Beinen. 1
- Halten Sie die Position einige Atemzüge, kommen Sie dann langsam

1 1- bis 2-mal

zurück in den Vierfüßlerstand und lockern Sie sich etwas.

- Gehen Sie insgesamt 1- bis 2-mal aus dem Vierfüßlerstand in den »Delfin«.
- **Variante:** In der Haltung »Schwimmender Delfin« bewegen Sie ganz langsam den Oberkörper nach vorn, bis Ihr Gesicht auf Höhe der Hände ist. Wenn es Ihnen möglich ist, können Sie auch so weit nach vorn gehen, bis Ihr Kinn den Boden berührt. 2 Drücken Sie sich dabei stets mit den Unterarmen und Händen kräftig vom Boden ab.
- Verlagern Sie Ihr Gewicht nun langsam wieder nach hinten.
- Bewegen Sie sich fließend mit der Einatmung nach vorn, mit der Ausatmung wieder zurück.
- Je leichter Ihnen diese Bewegung fällt, umso öfter können Sie die Sequenz wiederholen.

Wichtig: Achten Sie während der Übung darauf, dass Ihr Nacken immer lang und entspannt bleibt: Ziehen Sie das Kinn leicht zur Brust und die Schultern weg von den Ohren.

2 Einige Male – nach Gefühl

Nach unten gerichteter Hund – Adho mukha shvanasana

- **Wirkung:** Kräftigt Schultern, Arme und Handgelenke, öffnet Schulterbereich und Brustkorb, kräftigt den Bauch, streckt die Wirbelsäule, entlastet die Lendenwirbelsäule und dehnt die Rückseite der Beine und die Achillessehnen.
- Aus der Kindposition strecken Sie Ihre Arme am Boden so weit wie möglich nach vorn aus. Nun gehen Sie, ohne dabei die Hände zu verschieben, in den Vierfüßlerstand. Die Hände sind schulterbreit, die Knie hüftbreit auseinander. Spreizen Sie Ihre Finger weit auseinander, die Mittelfinger zeigen geradeaus nach vorn.
- Stellen Sie die Zehen auf. Drücken Sie sich mit den Fingerspitzen, Händen und Armen weg vom Boden und heben Sie Ihr Becken an.
- Bewegen Sie Ihren Oberkörper Richtung Oberschenkel und ziehen Sie gleichzeitig mit den Hüften nach oben und hinten. Die Beine bleiben dabei angewinkelt.
- Strecken Sie den Rücken, ziehen Sie mit den Schultern weg von den Ohren und ziehen Sie die Schulterblätter auseinander. 1
- Versuchen Sie jetzt, Ihre Beine zu strecken und die Fersen so weit es

1 2- bis 3-mal

2

angenehm ist zu senken. 2 Falls Sie dadurch im Rücken rund werden oder im Schulterbereich verspannen, winkeln Sie die Beine wieder an.

- Halten Sie die Position einige Atemzüge, dann gehen Sie wieder zurück in die Kindposition.
- Wiederholen Sie die Asana insgesamt 2- bis 3-mal.
- **Für Fortgeschrittene:** Beim »Hund mit gestrecktem Bein« heben Sie ein Bein an und strecken es nach hinten aus – wenn Sie können, auch nach oben, sodass Hände, Arme, Oberkörper und Bein eine Linie bilden. 3 Halten Sie diese Asana solange es Ihnen angenehm ist. Kommen Sie zurück in den »Hund« und wiederholen Sie das Ausstrecken mit dem anderen Bein.

Wichtig: Der Rücken muss immer gerade bleiben. Durch das Strecken oder Anwinkeln der Beine können Sie nach Gefühl auch die Dehnung im Rücken »dosieren«.

3 1-mal pro Seite

INFO

GENÜSSLICH STRECKEN

Das Entstehen dieser Asana könnte sehr wohl vom Anblick eines sich wohlig in die Länge ziehenden Hundes inspiriert worden sein, der den Po in die Luft und die Pfoten nach vorn streckt: Schon das Zuschauen dabei tut gut …

1 8- bis 10-mal

Handflächendruck

- **Wirkung:** Das intensive Aneinanderpressen der Hände kräftigt die Muskulatur von Brust, Schultern und Oberarmen und gibt dem Busen Halt.
- Sie sitzen im Fersensitz oder im Schneidersitz mit untergeschlagenen Beinen, je nachdem, wie es für Sie bequemer ist.
- Legen Sie mit waagrechten Unterarmen Ihre Handflächen in Brusthöhe aneinander.
- Drücken Sie die Handflächen während der Ausatmung kräftig zusammen. Versuchen Sie, den Druck gleichmäßig über die gesamten Handflächen zu verteilen. 1 Mit der Einatmung den Druck langsam wieder lösen.
- Wiederholen Sie den Druck der Handflächen in einem fließenden Atemrhythmus insgesamt etwa 8- bis 10-mal.

2 2-mal

Schlange – Urdhva mukha Shalabhasana

- **Wirkung:** Kräftigt und dehnt Arme und Schultern, dehnt die Körpervorderseite, weitet den Brustkorb, vertieft die Atmung und kräftigt den Rücken, besonders im oberen Bereich.
- Sie liegen auf dem Bauch. Ihre Füße sind hüftbreit geöffnet. Ihre Stirn liegt am Boden auf, die Arme sind neben dem Körper ausgestreckt.
- Falten Sie die Hände hinter dem Rücken, sodass die Handflächen zueinander zeigen. Schmiegen Sie Ihre Leisten leicht in den Boden und ziehen Sie Ihr Steißbein etwas nach vorn.
- Heben Sie nun langsam vom Brustbein – nicht vom Kopf – ausgehend Ihren Oberkörper an. Um die Bewegung zu unterstützen, ziehen Sie dabei mit leicht angehobenen Armen die Schultern und Hände Richtung Füße. 2
- Nach einigen Atemzügen senken Sie den Oberkörper wieder ab. Legen Sie Ihre Handflächen übereinander und die Stirn auf die Hände. Kurz ausruhen und noch einmal wiederholen.

Kuhgesicht – Gomukhasana

- **Wirkung:** Dehnt die Arm- und Brustmuskulatur, verbessert die Beweglichkeit der Schultern, wirkt einem Rundrücken entgegen, löst Verspannungen im Nacken und den Schultern.
- Im Fersensitz winkeln Sie Ihren rechten Arm an und legen die rechte Hand mit der Handfläche nach außen auf den Rücken.

1 **1-mal pro Seite**

- Umgreifen Sie nun mit der linken Hand von unten den rechten Ellenbogen, den Unterarm oder das Handgelenk und und führen Sie so die rechte Hand möglichst weit nach oben zwischen die Schulterblätter.
- Heben Sie nun den linken Arm nach oben an und drehen Sie ihn so, dass die Handfläche nach hinten zeigt. Winkeln Sie den Arm an und versuchen Sie, die Hände ineinander zu haken.
- Bleiben Sie einige Atemzüge lang in der Haltung. Dann lösen Sie die Hände, lockern Ihre Schultern und machen die Übung noch einmal andersherum.
- **So geht's leichter:** Wenn Sie (wie viele Menschen) Ihre Hände nicht hinter dem Rücken zusammenbringen können, oder wenn es Ihnen nur auf der einen Seite gelingt, so können Sie ein Handtuch, einen Gurt oder Schal zu Hilfe nehmen. Umfassen Sie diese »Brücke« fest mit beiden Händen. 1 Mit der Zeit werden Sie immer beweglicher und können schließlich aufs Hilfsmittel verzichten!
- **Tipp:** Wenn Ihnen die Übung nur auf einer Körperseite schwer fällt, machen Sie die Asana erst mit der unbeweglicheren Seite, dann mit der offeneren Seite und nochmals mit der steiferen Seite: So trainieren Sie die Beweglichkeit dieser Seite doppelt, und die Seiten können sich einander »annähern«. Außerdem »lernt« die steifere Seite so von der beweglicheren.

2 1-mal pro Seite

3

Adler mit Vorbeuge – Garudasana (im Uttanasana)

- **Wirkung:** Dehnt Schultern, Arme und oberen Rücken, lockert den Schulterbereich, dehnt die Rückseiten der Beine.
- In der Bergposition strecken Sie die Arme nach vorn und überkreuzen die Ellenbogen. Winkeln Sie die Unterarme an und legen Sie die Handflächen aneinander. 2 Nun die angewinkelten Arme so weit es geht anheben. Ziehen Sie die Ellenbogen weg vom Gesicht.
- Gehen Sie leicht in die Knie, kommen Sie in eine angenehme, lockere Vorbeuge. 3 Einige Atemzüge halten.
- Lösen Sie die Arme und richten Sie sich mit gestrecktem Rücken und angewinkelten Beinen langsam auf.
- Nun überkreuzen Sie die Arme andersherum und wiederholen die Vorbeuge noch einmal.
- **So geht's leichter:** Falls Sie die Handflächen nicht aneinander legen können, machen Sie Fäuste und bringen sie so nah wie möglich zusammen.

Bauch, Rücken und Taille

Sie heben die Einkaufstasche aus dem Auto und stellen sie auf den Boden … Sie greifen nach der Teetasse ganz oben im Regal … Sie drehen sich schwungvoll und erwischen mit dem Tennisschläger gerade noch den Ball – und Ihre Bauch- und Rückenmuskeln arbeiten auf Hochtouren: Sie dehnen, beugen, strecken und drehen sich. Ein gut eingespieltes Team im Zentrum des Körpers, von dem fast alle unsere Bewegungen ausgehen. Zusammen stabilisieren und unterstützen die Muskeln an Bauch und Rücken die Wirbelsäule und verhelfen Ihnen zu einer aufrechten Haltung. Gemeinsam bilden sie ein Zentrum der Kraft und Stabilität.

Es ist ganz wichtig, Bauch und Rücken immer als Einheit zu trainieren. Yoga eignet sich dazu ideal. Mit den Asanas können Sie alle Muskeln der Körpermitte harmonisch aufbauen: Bauch, Rücken und Taille werden kräftiger und straffer, geschmeidig und beweglich – und zu einem ästhetischen Blickfang.

Muskel-Teamwork

Die Muskeln an Bauch, Rücken und Taille arbeiten eng zusammen. Nur wenn sie ausgewogen trainiert sind, kann jeder Muskel seine Aufgaben optimal erfüllen. Wird ein Bereich vernachlässigt, zieht das auch die anderen in Mitleidenschaft und beeinträchtigt die Körperhaltung.

Bauchmuskeln

Die Bauchmuskulatur wird von vier Muskelgruppen gebildet. Sie sind der wichtige Partner der Rückenmuskulatur. Gemeinsam beeinflussen sie die Beckenstellung und damit die Wirbelsäule und verhelfen zu einem beschwingten Gang. Kräftige und elastische Bauchmuskeln geben den inneren Organen die nötige Unterstützung für einen gesunden Tonus und optimale Funktion. Sie neigen sehr dazu, an Kraft zu verlieren.

Direkt unter der Haut und dem Fettgewebe liegen diese vier Muskelschichten:

Der oberste gerade Bauchmuskel, der *m. rectus abdominis*, ist für die Beugung im Oberkörper zuständig. Mit seiner Hilfe schwingen Sie sich morgens aus dem Bett. Hochtrainiert formt er den berühmten Waschbrett-Bauch, den man bei durchtrainierten Männern manchmal sieht.

Darunter liegen die inneren und äußeren schrägen Bauchmuskeln, *m. obliquus internus* und *externus*. Sie drehen den Oberkörper und dehnen ihn in seitlichen Drehungen. Besonders die Asanas »Stuhl-Twist«, »Drehsitz« und »Bauchdrehung« sind hier ein Schlüssel zum erfolgreichen Training.

Der tiefstliegende quere Muskel, *m. transversus*, ist nicht direkt an Bewegungen beteiligt. Er hilft aber die Wirbelsäule zu stabilisieren und formt die Taille. Außerdem unterstützt er die Atmung, ist aktiv, wenn Sie husten, niesen oder lachen. Er kann, muss aber nicht extra trainiert werden: Spezielle yogische Atemübungen oder eine intensive Ausatmung unterstützen und verstärken die Wirkung der Asanas auf den »Transversus«.

Wirbelsäule und Rückenmuskeln

Die Wirbelsäule mit ihrem wellenförmigen Schwung ist ideal konstruiert für eine aufrechte Haltung. Die 24 beweglichen Wirbel werden durch eine Vielzahl von kleinen Muskeln und Bändern an ihrem Platz gehalten. Zahlreiche, in mehreren Schichten angelegte Muskeln unterstützen die Wirbelsäule. Um ihre Funktion optimal erfüllen zu können, müssen diese Muskeln kräftig und geschmeidig sein. Besonders die yogischen Rückbeugen wie in den Asanas »Brücke« und »Bogen« bringen Beweglichkeit in die Wirbelsäule und kräftigen schwache Rückenmuskeln. Sie sind eine wichtige Gegenbewegung für die im Alltag oft vorgebeugte Haltung.

1 1-mal pro Seite

Die Asanas

Tanzender Krieger – Virabhadrasana II (Variante)

- **Wirkung:** Kräftigt intensiv Bauch, Rücken und Beine, dehnt die Beine und strafft die Taille. Wie alle »Krieger«-Haltungen sehr belebend und kräftigend für den gesamten Körper.
- Stellen Sie aus der Bergposition Ihre Füße etwa einen Meter weit auseinander.
- Drehen Sie den linken Fuß um 90° nach außen und den rechten etwas nach innen. Verteilen Sie Ihr Gewicht gleichmäßig, so als ob die ganze Fläche Ihrer Fußsohlen im Boden verwurzelt wäre. Ziehen Sie den Bauchnabel leicht Richtung Wirbelsäule, ohne dabei den Bauch anzuspannen.
- Beugen Sie das linke Bein, bis das Knie senkrecht über das Fußgelenk gerichtet ist. Ihr rechtes Bein ist kraftvoll gestreckt.
- Strecken Sie beide Arme seitlich aus. Die Hände befinden sich auf Schulterhöhe. Ihre Schultern bleiben ganz locker. Richten Sie Ihren Blick über den linken Mittelfinger in die Ferne.
- Legen Sie die rechte Handfläche auf den rechten Oberschenkel. Drehen Sie die linke Handfläche nach oben und strecken Sie den linken Arm nach oben. Ihr Kopf bewegt sich dabei mit, sodass Ihr Blick der linken Hand folgt. 1

- Halten Sie die Asana mehrere Atemzüge lang. Richten Sie sich langsam wieder auf, gehen Sie zurück in die Ausgangsposition und lockern Sie sich etwas. Wiederholen Sie den Bewegungsablauf nun noch einmal auf der anderen Seite.
- **Für Fortgeschrittene:** Gehen Sie noch tiefer in die seitliche Dehnung, um eine optimale Wirkung für die Taille und den Rücken zu erreichen. 2
- **Tipp:** Falls Sie das Gefühl haben, dass sich Ihr Nacken bei der Übung verspannt, drehen Sie den Kopf so, dass Ihr Blick zur unteren Hand gerichtet ist.

2

DIE KRIEGER-VARIATIONEN

INFO

- Der Sanskrit-Name der »Krieger«-Haltungen (siehe auch Seite 77 und 92), erinnert an Virabhadra, den Sohn Shivas. Nach dem Feuertod seiner geliebten Frau Sati riss Shiva, einer der mächtigsten Götter des Hinduismus, sich voller Gram seine Haare aus. Aus einer seiner herabfallenden Locken entstand Virabhadra, den Shiva zum Anführer seines Heeres machte.
- »Vira« bedeutet »Held« oder »Krieger«. Der Weg des Yoga gilt auch als »Weg des Kriegers«: Dieser Weg lehrt, sich frei von Angst, mit Kraft und Ausdauer dem Leben mit all seinen Herausforderungen zu stellen. Der »Krieger« schaut in die Ferne, behält den Überblick – und bleibt dabei doch immer im eigenen Zentrum.

1 3- bis 4-mal pro Seite

Stehender Halbmond

- **Wirkung:** Kräftigt Bauch und Rücken, strafft die Taille, kräftigt die Brustmuskulatur, kräftigt und strafft die Arme.

- Sie stehen aufrecht in der Bergposition. Stellen Sie Ihre Füße aneinander.
- Strecken Sie die Arme nach oben aus und falten Sie die Hände. Drehen Sie Ihre Handflächen hoch Richtung Decke. Ziehen Sie die Schultern leicht nach unten, weg von den Ohren.
- Ziehen Sie den Bauchnabel leicht Richtung Wirbelsäule; Ihr Bauch bleibt dabei ganz entspannt. Bewegen Sie Ihr Steißbein nach unten und vorn.
- Beugen Sie nun den Oberkörper langsam nach rechts, während Sie gleichzeitig mit dem Becken nach links ziehen. Strecken Sie sich vom linken Fuß bis in die Fingerspitzen in einem ganz langen, halbmondförmigen Bogen. Werden Sie ganz lang von den Fußsohlen bis zu den Handflächen. 1
- Halten Sie die Position für mehrere Atemzüge und gehen Sie dann mit der Einatmung langsam zurück in die Bergposition, wobei Sie die Arme seitlich absenken. Etwas lockern und anschließend die Dehnung zur anderen Seite ausführen.
- Gehen Sie pro Seite insgesamt 3- bis 4-mal in die Asana.

Wichtig: Achten Sie während des gesamten Übungsablaufes darauf, dass Ihre Schultern locker bleiben und Ihr Becken sich nicht mitdreht, sondern immer nach vorn gerichtet bleibt. Achten Sie darauf, Ihr Steißbein immer wieder mal nach unten und vorn zu bewegen.

Gedrehter Krieger – Parivritta Virabhadrasana

- **Wirkung:** Kräftigt Bauch und Rücken, fördert die Beweglichkeit in den Schultern, mobilisiert die Wirbelsäule, dehnt die Hüftbeugemuskulatur.
- Gehen Sie in den Vierfüßlerstand. Machen Sie mit dem rechten Bein einen großen Schritt nach vorn, sodass der rechte Fuß genau zwischen Ihren Händen aufkommt und das Knie senkrecht über dem Fußgelenk ist.
- Drehen Sie nun den Oberkörper mit gestrecktem Rücken nach rechts. Bewegen Sie dabei den rechten Arm, so weit es angenehm ist, seitlich nach oben. Ihr Kopf bewegt sich dabei mit, Ihr Blick ruht auf der rechten Hand. 2
- Verweilen Sie drei bis fünf Atemzüge in dieser Haltung. Gehen Sie dann langsam zurück in den Vierfüßlerstand und wiederholen Sie den Bewegungsablauf noch einmal auf der anderen Seite.
- **So geht's leichter:** Statt mit den Handflächen stützen Sie sich mit den Fingerspitzen am Boden ab.
- **Für Fortgeschrittene:** Aus der Grundhaltung den hinteren Fuß aufstellen und langsam das Bein strecken. 3

Wichtig: Lassen Sie das vordere Knie niemals seitlich ausweichen.
Achten Sie auf lockere Schultern. Wenn Ihr Nacken sich verspannt, drehen Sie den Kopf wieder in die Ausgangsposition.

2 1-mal pro Seite

3

1 2- bis 3-mal

Der Bogen – Dhanurasana

- **Wirkung:** Kräftigt Rücken, Po und Rückseite der Beine. Dehnt den Bauch, die Leisten und vorderen Oberschenkel, strafft den Bauch und macht die Wirbelsäule elastisch.
- Sie liegen mit leicht geöffneten Beinen in der Bauchlage, Ihre Arme sind nach unten dicht am Körper ausgestreckt. Ihre Stirn liegt auf dem Boden auf.
- Winkeln Sie die Beine an und greifen mit den Händen Ihre Fußgelenke oder Fußrücken. Schmiegen Sie die Leisten fest in den Boden.
- Nun ziehen Sie mit den Füßen vom Rücken weg und richten durch diese Bewegung Ihren Oberkörper auf. 1
- Bleiben Sie in der Position, solange es für Sie angenehm ist. Kommen Sie dann langsam zurück in die Bauchlage, führen Sie die Hände übereinander und legen Sie die Stirn darauf.
- Wiederholen Sie den Bewegungsablauf insgesamt 2- bis 3-mal.
- Gehen Sie zum Abschluss in die Kindposition (Seite 44), um Ihren Rücken wieder zu entspannen.

2

- **So geht's leichter:** Falls Sie Ihre Füße in der Bauchlage nicht umfassen können, nehmen Sie ein Handtuch oder einen Gurt zu Hilfe. 2
- **Für Fortgeschrittene:** Heben Sie auch die Knie und Oberschenkel vom Boden ab, indem Sie mit den Füßen nach hinten und oben ziehen. Dabei richtet sich auch Ihr Oberkörper etwas mehr auf. Gehen Sie in der Bewegung aber nur so weit, wie sie Ihnen angenehm ist!

Wichtig: Die Bewegung des Oberkörpers sollte aus dem Brustbein kommen – nicht mit dem Kopf nach oben oder hinten ziehen: Ihr Nacken bleibt während der ganzen Übung lang und entspannt. Weil Sie im »Bogen« Ihren Rücken stark kräftigen, sollten Sie danach immer zur Entspannung und als Gegenbewegung kurz in die Kindposition gehen (siehe Seite 44).

WIE EIN BOGENSCHÜTZE ...

INFO

»Der Körper ist der Bogen, die Asana der Pfeil und die Seele das Ziel.«
So beschreibt der Yogameister Iyengar (siehe auch Seite 16) die ganzheitliche Wirkung des Hatha-Yoga.

Der Drehsitz – Marichyasana III

- **Wirkung:** Kräftigt und strafft den Bauch und die Taille, stärkt den Rücken und mobilisiert die Wirbelsäule, fördert die Schulterbeweglichkeit.
- Setzen Sie sich auf den Boden und strecken Sie Ihre Beine lang nach vorn aus. Greifen Sie erst die eine, dann die andere Pohälfte und ziehen Sie sie nach hinten und außen, sodass Sie nun »ungepolstert« auf Ihren Sitzknochen sitzen. Ihr Oberkörper ist aufgerichtet.
- Nun das rechte Bein anwinkeln und den rechten Fuß neben der Außenseite des linken Knies aufstellen. Legen Sie die Hände um das angewinkelte Knie und dehnen Sie Ihren Oberkörper nach oben. Dabei nicht das Kinn heben.
- Führen Sie den rechten Arm gestreckt nach hinten und stellen Sie die Fingerspitzen oder die Handfläche auf dem Boden auf. Damit unterstützen Sie die Aufrichtung des Oberkörpers.

1 2-mal pro Seite

- Drehen Sie nun langsam nacheinander Becken, Bauch, Oberkörper, Schultern und zuletzt den Kopf nach rechts und hinten. Die rechte Hand dient Ihnen dabei als Anker, durch den Sie tiefer in die Drehung hineinkommen. 1
- Verweilen Sie einige Atemzüge in dieser Asana und kommen Sie dann langsam aus der Drehung heraus. Lockern Sie sich etwas und wechseln Sie zur anderen Seite.
- Wiederholen Sie die Übung insgesamt 2-mal pro Seite.
- **Für Fortgeschrittene:** Legen Sie die Außenseite des linken Oberarmes an die Außenseite des rechten Beines. Winkeln Sie den Arm an und richten Sie Ihre Fingerspitzen nach oben Richtung Decke. 2

Wichtig: Achten Sie darauf, dass Ihr Rücken während der gesamten Übungsausführung gerade ist und Ihre Schultern locker bleiben. Führen Sie die Drehung genau in der angegebenen Reihenfolge aus, also nie mit dem Kopf beginnen.

2

1 2- bis 3-mal

Das Boot – Navasana

- **Wirkung:** Das »Boot« kräftigt den Bauch, den Rücken, die Vorderseite der Oberschenkel und die Muskeln, die für die Beugung der Hüfte zuständig sind.
- Setzen Sie sich auf den Boden und stellen Sie die Beine angewinkelt auf. Ihre Füße und Knie sind dabei etwa hüftbreit auseinander.
- Legen Sie Ihre Hände von außen in die Kniekehlen. Richten Sie Ihren Oberkörper auf. Die Bewegung kommt dabei aus dem Brustbein. Ihr Nacken bleibt dabei ganz lang. Lehnen Sie sich etwas nach hinten.
- Nun heben Sie langsam die Unterschenkel an, bis sie parallel zum Boden sind. Ziehen Sie den Bauchnabel dabei leicht nach innen, ohne jedoch den Bauch anzuspannen. 1

2

- Halten Sie die Position 2 bis 3 Atemzüge, dann senken Sie die Beine langsam wieder in die Grundstellung ab.
- Gehen Sie aus der Ausgangsposition insgesamt 2- bis 3-mal in die »Boot«-Haltung.
- **Für Fortgeschrittene:** Wenn Sie nach einer Weile regelmäßigen Übens an Kraft und Sicherheit gewonnen haben, können Sie sich pro Wiederholung auf 5 bis 8 Atemzüge steigern.
- **Für Fortgeschrittene:** Strecken Sie die Beine nach oben aus und, wenn Sie können, strecken Sie die Arme nach vorn aus. 2

Wichtig: Heben Sie die Beine nur so weit an, dass Ihr Oberkörper aufgerichtet bleibt! Wenn Sie merken, dass Ihr Rücken rund wird, senken Sie die Beine wieder etwas. Nicht weiter gehen, bis jede Variante stabil, angenehm und mit Leichtigkeit ausgeführt werden kann.

1 1-mal pro Seite

Halbe Taube – Eka Pada Rajakapotasana

- **Wirkung:** Kräftigt den Rücken, macht die Hüften beweglicher, dehnt die Vorderseite der Oberschenkel, die Leisten, Bauch, Brustkorb und Schultern.
- Stellen Sie im Vierfüßlerstand Ihre Hände etwas weiter nach vorn.
- Schieben Sie Ihr linkes Knie nach vorn zur linken Hand. Führen Sie Ihren Fuß, so weit es angenehm ist, etwas mehr nach rechts Richtung rechte Leiste. Nun das rechte Bein nach hinten strecken.
- Schauen Sie kurz nach hinten: Hüfte, Knie und Fuß sollten auf einer Linie sein. Drehen Sie Schultern und Becken nun wieder gerade nach vorn. Winkeln Sie das hintere Bein an und greifen Sie falls möglich mit der rechten Hand von außen um das Fußgelenk.
- Ziehen Sie mit dem Fuß kräftig weg vom Körper. Heben Sie Ihr Brustbein nach vorn und oben an und ziehen Sie Ihr Steißbein nach unten und vorn. 1
- Einige Atemzüge halten, dann zurück in den Vierfüßlerstand kommen und auf der anderen Seite wiederholen.
- **So geht's leichter:** Wenn Ihr Becken seitlich absinkt, legen Sie dort eine dick zusammengerollte Decke unter.

INFO

DIE »HALBEN« POSITIONEN

Viele sehr anspruchsvolle, schwierige Yoga-Übungen wurden vereinfacht. So können auch Yoga-Einsteiger die positiven Wirkungen dieser Haltungen nutzen.

Die Brücke – Setu Bandhasana

- **Wirkung:** Kräftigt den gesamten Rücken, den Po und die Oberschenkel. Dehnt Leisten, Bauch und Nacken. Macht die Wirbelsäule beweglicher.
- In Rückenlage sind Ihre Arme entlang des Körpers ausgestreckt. Stellen Sie Ihre Beine angewinkelt auf, Knie und Füße sind hüftbreit auseinander.
- Drücken Sie Ihre Füße jetzt kräftig in den Boden und heben Sie langsam Ihr Becken und den Rücken an, bis Ihr Körper eine sanft nach unten gebogene »Brücke« bildet.
- Gehen Sie noch weiter in die Dehnung hinein, indem Sie Ihr Brustbein Richtung Kinn ziehen, das Steißbein leicht einziehen und Ihr Schambein hoch Richtung Decke ziehen. 2
- Nach einigen Atemzügen rollen Sie sich langsam, Wirbel für Wirbel, in die Rückenlage mit angewinkelten Beinen zurück.
- Ruhen Sie sich einige Atemzüge aus.
- Gehen Sie aus der Rückenlage insgesamt 2- bis 3-mal in die »Brücke«.

Wichtig: Ihre Knie müssen sich während der Ausführung genau über den Fußgelenken befinden.

2 2- bis 3-mal

Po und Beine

Beschwingt gehen, kraftvoll in die Fahrradpedale treten, mit Leichtigkeit dem Federball entgegenspringen, ohne zu ermüden die Treppe hinaufsteigen: Für all dies sind gut trainierte Beine die beste Voraussetzung.
Bewegte Beine und ein kräftiger Po sind wichtig für eine harmonische, beweglich-stabile Haltung, geschmeidige Hüften und einen anmutigen, lockeren Gang. Viel bewegte Beine sind auch die beste Vorsorge gegen Krampfadern und Schwellungen in Beinen und Füßen: Bewegung erleichtert entscheidend das Aufwärtsfließen des Blutes in den Venen – dadurch bleiben die Gefäße stark und elastisch.
Viele Yoga-Asanas sind hervorragend geeignet, Ihre Oberschenkel und Waden harmonisch zu kräftigen und Ihrem Po eine schöne, feste Rundung zu geben.
Mit Yoga stehen Sie mit beiden Beinen aufrecht und in Harmonie im Leben!

Po- und Beinmuskeln

Hier ist, wie bei Bauch- und Rückenmuskeln, ein eingespieltes Team am Werk.

Oberschenkelmuskulatur

Immer wenn Ihre Beine in Bewegung sind, angewinkelt und gestreckt werden, sind die vorderen und hinteren Oberschenkelmuskeln in Aktion. Für Bewegungen zur Seite sind die inneren und äußeren Muskeln zuständig.

An der Vorderseite liegt der größte Muskel des Menschen, der vierteilige Beinstrecker oder Quadrizeps. Er ist sehr wichtig für die Stabilität der Knie. Wenn Sie den Beinstrecker zu stark trainieren ohne ihn ausreichend zu dehnen, wird er hart und verkürzt sich. Teile von ihm neigen auch dazu, schnell an Kraft zu verlieren.

Auf der Rückseite der Oberschenkel verlaufen die Beinbeuger oder »Hamstrings«, wie der Name dieser Muskelgruppe aus dem Englischen übernommen wurde. Sie sind besonders wichtig für die Beweglichkeit von Hüften und Knien sowie für die Beckenstellung. Dehnen ist wichtig, da die Hamstrings sehr zum Verkürzen neigen.

An der Innenseite der Oberschenkel liegen die Adduktoren. Sie ziehen das Bein zur Körpermitte und beugen es im Hüftgelenk. Sie brauchen viel Dehnung. Zu intensives Training oder zu starke Dehnung machen sie sehr verletzungsanfällig.

An der Außenseite der Oberschenkel liegen die Abduktoren. Sie führen das Bein seitlich weg von der Körpermitte und haben die wichtige Aufgabe, das Becken zu stabilisieren. Wenn Sie beim Üben auf einem Bein stehen, verhindern diese Muskeln, dass Ihr Becken zur Seite absinkt.

Waden

Die Waden werden hauptsächlich von zwei Muskeln gebildet: dem Schollenmuskel, der überdeckt wird von dem kräftigen Zwillingsmuskel. Beide neigen stark dazu, zu verspannen und sich zu verkürzen. Da sie in die Achillessehne übergehen, ist diese dann stark in Mitleidenschaft gezogen und wird anfälliger für Verletzung. Wichtig für diese Muskeln ist häufiges Dehnen. Ein großer Feind sind übrigens Schuhe mit hohen Absätzen, die oft und lange getragen werden – die Wadenmuskulatur verkürzt und verspannt sich dadurch.

Pomuskeln

Der Muskel, der Ihren Po formt, ist der große Gesäßmuskel, der *gluteus maximus*. Er streckt das Bein im Hüftgelenk und ist für Drehbewegungen nach außen zuständig. Dieser Muskel verliert bei mangelnder Bewegung schnell an Kraft. Besonders kräftigende Asanas sind die Standpositionen und die Rückbeugen.

1 2- bis 3-mal pro Seite

Die Asanas

Der Baum – Vrikshasana

- **Wirkung:** Kräftigt die Beine, fördert Hüftbeweglichkeit, Haltung und Gleichgewicht.
- In der Bergposition verlagern Sie Ihr Gewicht auf das linke Bein und drücken sich kräftig vom Boden weg.
- Winkeln Sie den rechten Unterschenkel an, sodass Sie Ihr rechtes Fußgelenk umfassen können. Stellen Sie die Fußsohle so hoch wie möglich an der Innenseite des linken Oberschenkels auf.
- Verwurzeln den linken Standfuß gleichmäßig im Boden. Richten Sie Ihren Blick entspannt in die Ferne. Die Kopfkrone zieht nach oben. Drücken Sie die Innenseite des Oberschenkels fest gegen die aufliegende Fußsohle. Achten Sie darauf, dass Ihre Hüften gleichmäßig nach vorn gerichtet sind.
- Drehen Sie Ihre Handflächen nach vorn und führen Sie Ihre ausgestreckten Arme seitlich nach oben über Ihren Kopf. Die Handflächen bewegen sich dabei aufeinander zu, bis sie schulterbreit voneinander entfernt sind.
- Nun die Schultern nach hinten und unten ziehen, dabei die Arme weiter nach oben strecken. Spüren Sie die Dehnung in der Innenseite der Arme. 1
- Nach einigen Atemzügen senken Sie Ihre Arme langsam wieder seitlich ab und kommen zurück in die Bergposition mit Ihren Händen in »Namasté« (siehe Seite 111/112).
- Wiederholen Sie die Asana mit dem rechten Bein als Standbein. Machen Sie die Übung 2- bis 3-mal pro Seite.

INFO

TIEF VERWURZELT ...

... in der Erde, dabei die Arme wie Zweige zum Himmel streckend – so vereint die »Baum«-Haltung Freiheit und Stabilität.

Der Stuhl – Utkatasana

- **Wirkung:** Kräftigt die Fußgelenke und Beine, dehnt die Waden und die Achillessehnen. Stärkt Schultern, Arme, Bauch und Rücken.
- Sie stehen in der Bergposition. Strecken Sie Ihre Arme parallel nach oben über den Kopf aus, die Handflächen sind zueinander gerichtet.
- Ziehen Sie die Schultern auseinander und etwas nach unten, sodass sich der Bereich zwischen Ihren Schulterblättern angenehm weitet.
- Beugen Sie langsam die Beine und senken Sie den Po, so als ob Sie sich auf einen Stuhl setzen wollten. Kommen Sie der gedachten Sitzfläche so nah, wie es Ihnen angenehm ist.
- Gleichzeitig lehnen Sie sich mit dem Oberkörper leicht nach vorn. Strecken Sie den Rücken und ziehen Sie Ihr Steißbein nach unten und vorn. Strecken Sie sich aktiv mit den Fingerspitzen nach oben. 2
- Bleiben Sie einige Atemzüge in der Asana, dann richten Sie sich wieder in die Bergposition auf.
- Senken Sie Ihren Po insgesamt 2- bis 3-mal in die »Stuhl«-Haltung.

2 2- bis 3-mal

Der Tänzer – Natarajasana

- **Wirkung:** Kräftigt Fußgelenke und Beine, Rücken, Bauch und Po. Dehnt die vorderen Oberschenkelmuskeln, die Leisten und ist gut fürs Gleichgewicht.

- Sie stehen in der Bergposition mit den Beinen hüftbreit auseinander. Verlagern Sie Ihr Gewicht auf das linke Bein. Verteilen Sie das Gewicht gleichmäßig auf die Fußsohle, als ob Sie sich im Boden verwurzeln wollten.

1 2- bis 3-mal pro Seite

- Schauen Sie entspannt auf einen Punkt in einiger Entfernung – das ist gut für Gleichgewicht und Konzentration.
- Winkeln Sie den rechten Unterschenkel an und umfassen Sie mit der rechten Hand von außen das Fußgelenk. Das Becken bleibt dabei nach vorn gerichtet.
- Strecken Sie den linken Arm nach vorn aus, parallel zum Boden.
- Nun langsam das angewinkelte Bein, so weit es für Sie angenehm ist, nach hinten und oben anheben. Der Fuß zieht vom Oberkörper weg und die Zehen weisen nach oben. 1
- Bleiben Sie in dieser Asana, solange Sie leicht und unverspannt das Gleichgewicht halten können. Kommen Sie langsam zurück in die Bergposition. Wechseln Sie nun zur anderen Seite.
- 2- bis 3-mal pro Seite wiederholen.
- **Für Fortgeschrittene:** Mit einiger Praxis werden Sie immer weiter in den »Tänzer« hineingehen können, bis Ihr Oberschenkel parallel zum Boden ist und der Fuß sich etwa auf gleicher Höhe mit der vorderen Hand befindet. 2 Vorsicht: Dabei nicht mit dem angehobenen Knie seitlich ausweichen!

2

1 **2-mal pro Seite**

Stolzer Krieger

- **Wirkung:** Kräftigt intensiv die Beine, vitalisiert und kräftigt den gesamten Körper, dehnt die Beine, fördert die Beweglichkeit der Hüften, stärkt Arme und Schultern, speziell die Delta-Muskeln.
- In der Bergposition stellen Sie Ihre Füße 1 bis 1 1/2 Meter auseinander.
- Drehen Sie den linken Fuß um 90° nach außen und den rechten Fuß etwas nach innen. »Verwurzeln« Sie sich mit den Fußsohlen gleichmäßig im Boden.
- Heben Sie die Arme seitlich an, parallel zum Boden, die Handflächen zeigen nach unten. Strecken Sie Arme und Finger. Blicken Sie entspannt über Ihre linke Hand in die Ferne. Ihre Schultern ziehen nach unten.
- Drücken Sie die Außenkante des rechten Fußes kräftig in den Boden. Das rechte Bein bleibt aktiv gestreckt.
- Beugen Sie nun das linke Bein, bis der Oberschenkel parallel zum Boden ist und das Knie sich senkrecht oberhalb des Fußgelenkes befindet. 1
- Bleiben Sie einige Atemzüge in dieser Haltung. Strecken Sie dann langsam das linke Bein wieder, senken Sie kurz die Arme und lockern Ihre Schultern. Wechseln Sie nun zur anderen Seite.
- Wiederholen Sie noch einmal pro Seite.

2 1-mal pro Seite

Halber Hanuman

- **Wirkung:** Intensive Dehnung der Oberschenkelrückseite (»Hamstrings«), der Waden und der Achillessehnen.
- Aus dem Vierfüßlerstand machen Sie mit dem linken Fuß einen Schritt nach vorn zwischen Ihre Arme, so weit, dass der Unterschenkel senkrecht zum Boden ist.
- Schieben Sie Ihr Becken nach hinten und strecken Sie Ihr linkes Bein vorsichtig aus, so weit es Ihnen angenehm ist. Ziehen Sie den linken Fuß zu sich heran. 2 Halten Sie die Asana so lange, wie sie sich gut anfühlt.
- Nun noch einmal mit dem anderen Bein.

Wichtig: Achten Sie während der ganzen Übung darauf, dass Ihr Rücken gerade und Ihr Nacken lang und entspannt bleibt.

HANUMAN

INFO

Hanuman, nach der indischen Sage ein mächtiger Anführer der Affen, wird in ganz Indien als Gottheit verehrt. Um Sita, die geliebte Frau des Königs Rama, aus den Händen des Dämonenkönigs Ravana zu befreien, machte Hanuman einen riesigen Sprung über das Meer von Indien nach Sri Lanka. Er steht für die Fähigkeit, mit der Kraft der Hingabe zu fliegen, Getrenntes zu vereinen und sich Herausforderungen zu stellen.

Aufgehender Mond – Anjaneyasana

- **Wirkung:** Der »Aufgehende Mond« kräftigt und dehnt sehr intensiv die Beine und fördert die Beweglichkeit der Hüften.
- Gehen Sie in den Vierfüßlerstand. Machen Sie mit dem linken Fuß einen Schritt nach vorn zwischen Ihre Arme, so weit, dass Ihr Unterschenkel nun genau senkrecht zum Boden gerichtet ist.
- Legen Sie nun die Hände auf Ihren linken Oberschenkel, richten Sie Ihren Oberkörper auf und lassen Sie gleichzeitig Ihre Hüften Richtung Boden sinken. Achten Sie darauf, dass das linke Knie senkrecht über dem linken Fußgelenk bleibt. 1
- Führen Sie Ihre Arme nun seitlich gestreckt über Ihren Kopf. Strecken Sie die Arme und die Fingerspitzen aktiv

1 1-mal pro Seite

nach oben und ziehen Sie dabei Ihre Schultern nach unten, weg von den Ohren. Achten Sie darauf, dass Ihr Schulterbereich dabei ganz weit und entspannt bleibt. 2

- Bleiben Sie einige Atemzüge, so lange, wie es Ihnen angenehm ist, in dieser Haltung.
- Senken Sie die Arme nun langsam seitlich wieder ab.
- Kommen Sie zurück in den Vierfüßlerstand und wiederholen Sie die Übung noch einmal auf der anderen Seite.

Wichtig: Achten Sie darauf, dass Ihr vorderes Knie während des gesamten Übungsablaufes genau senkrecht oberhalb des Fußes bleibt.

2

Heuschrecke – Shalabhasana

- **Wirkung:** Bewirkt eine intensive Kräftigung für die Beine, den Po und den Rücken, dehnt Leisten und Bauch.
- Sie liegen auf dem Bauch, Ihre Füße sind leicht geöffnet, Ihre Stirn ruht am Boden. Die Arme liegen ausgestreckt neben dem Körper, die Handflächen zeigen zum Boden.
- Heben Sie nun langsam den Oberkörper an. Vorsicht: Die Bewegung geht dabei vom Brustbein aus, nicht vom Kopf. Damit Ihr Nacken lang bleibt, richten Sie Ihren Blick zum Boden.
- Schmiegen Sie Ihre Leisten jetzt ganz fest in den Boden und ziehen Sie leicht das Steißbein ein. 1

1 2-mal

- Nun heben Sie langsam auch Ihre Beine an. Strecken Sie die Beine intensiv und ziehen Sie dabei mit Ihren Füßen waagrecht nach hinten. 2
- Bleiben Sie einige Atemrunden in dieser Asana – ganz nach Ihrem Gefühl.
- Legen Sie langsam Beine und Oberkörper wieder am Boden ab. Drehen Sie Ihren Kopf zur Seite. Ruhen Sie sich einige Atemzüge lang aus, lassen Sie die Anspannung abklingen und spüren Sie der Dehnung nach.
- Wiederholen Sie den Bewegungsablauf nun noch einmal.
- Beim Ausruhen drehen Sie nun den Kopf zur anderen Seite als zuvor.

Wichtig: Versuchen Sie nicht, Ihren Oberkörper gegen eventuelle Widerstände möglichst weit anzuheben. Es kommt hier vor allem auf die Längsdehnung an!

2

1 1-mal

Vorbeuge aus der Grätsche – Prasarita Padottanasana

- **Wirkung:** Die Vorbeuge kräftigt Füße, Fußgelenke und Beine; dehnt die Rückseite und Innenseite der Oberschenkel sowie den Oberkörper; entspannt und erfrischt.
- Stellen Sie aus der Bergposition Ihre Füße etwa 1 Meter auseinander.
- Drehen Sie Ihre Fußspitzen ganz leicht nach innen und Ihre Fersen etwas nach außen. Verwurzeln Sie sich mit den Füßen fest im Boden, als ob Sie tiefe Fußabdrücke machen wollten.
- Legen Sie ihre Hände rechts und links auf die Hüften. Werden Sie ganz lang im Oberkörper und senken Sie ihn nach vorn, bis er parallel zum Boden ist. Richten Sie den Blick zum Boden, sodass Ihr Nacken gestreckt ist. 1
- Bleiben Sie einige Atemzüge lang in dieser Asana, so lange, wie Sie es als angenehm empfinden.

2

› **Für Fortgeschrittene:** Kommen Sie mit dem Oberkörper in die vollständige Vorbeuge und stellen Sie die Handflächen am Boden auf. Halten Sie Ihre Beine die ganze Zeit aktiv gestreckt. 2
In der vollständigen Vorbeuge fließt mehr Blut als sonst Richtung Kopf. Das bewirkt eine schnelle Erfrischung. Diese einfache Asana eignet sich also wunderbar, wenn Sie sich tagsüber müde fühlen und eine kurze Erholungspause brauchen.

Wichtig: Bleiben Sie wirklich nur so lange in der vorgebeugten Position, wie sie Ihnen gut tut. Wenn der vermehrte Blutandrang im Kopf Ihnen unangenehm ist, richten Sie sich langsam mit geradem Oberkörper wieder auf. Leichter wird dies, wenn Sie dabei Ihre Hände auf die Oberschenkel legen.

Die wirksamsten Übungsfolgen

Üben mit Folgen: Ein genialer Klassiker (der Sonnengruß) und zwei eigens für dieses Buch zusammengestellte Übungsprogramme geben Anregung zur optimalen Planung und bieten gleichzeitig effektivstes Bodyforming. So verzeichnen Sie bald erste Erfolge – und Yoga wird zu einem wohltuenden und erfrischenden Teil Ihres Alltags, ganz mühelos und selbstverständlich.

Bauch, Beine, Po

Die Yoga-Asanas wirken, wie schon auf Seite 9 gesagt, auf den gesamten Körper, anstatt einzelne »Problemzonen« in den Mittelpunkt zu stellen und gesondert zu trainieren. Das heißt aber nicht, dass Sie mit Yoga nicht auch bestimmten Körperbereichen besondere Aufmerksamkeit schenken können – das Besondere dabei ist eben, dass jede Asana die Muskulatur des ganzen Körpers anspricht und gut für die Körperhaltung ist, während Sie mit einer gezielten Übungsauswahl bestimmte Körperpartien zusätzlich formen. Das auf den folgenden Seiten vorgestellte kleine Übungsprogramm bringt Ihre Mitte effektiv, aber sanft in Form und ist gut für Ihren ganzen Körper. Machen Sie die Asanas langsam und konzentriert, dann wirken sie am besten. Nicht vergessen: Wärmen Sie sich immer mit den dehnenden Übungen ab Seite 48 und dem Sonnengruß ab Seite 110 auf!

Yoga für ein tolles Trio

Ein schöner, flacher Bauch

Der Bauch ist ein ausgesprochen »dankbarer« Empfänger für Trainingsreize und Bewegung. Schon nach wenigen Wochen sind erste Erfolge spürbar und sichtbar: Muskelgewebe und Haut straffen sich, und die Bauchmuskeln können ihre wichtigen Aufgaben (Seite 72) besser erfüllen. Wenige, konzentriert ausgeführte Asanas wirken hier sicherer als viele, schnelle und mechanische Abläufe.
Auch der Bauch mag es regelmäßig. Wenn Sie ihn nach ein paar Wochen Training wieder im Stich lassen, werden die Muskeln ebenso schnell wieder abgebaut. Keine Sorge übrigens, dass Ihr Bauch die typischen Wölbungen des so genannten Waschbretts zeigt – bei Frauen ist dies nur mit extremstem Training aufzubauen. Mit den Asanas wird Ihr Bauch fest und straff, bleibt aber weiblich gerundet.

Schlanke, kräftige Beine

Das harmonische Zusammenspiel der Beinmuskulatur will aufmerksam gepflegt werden. Ganz häufig sind die Muskeln an der Oberschenkelrückseite verkürzt. Ob das bei Ihnen der Fall ist, spüren Sie beispielsweise, wenn Sie im Sitzen mit ausgestreckten Beinen den Oberkörper nach vorn beugen: Dann zieht es schnell heftig an den Rückseiten der Beine. Die Asanas wirken hier ausgleichend und dehnend, vor allem, wenn Sie sich zuvor mit dem Sonnengruß gut aufgewärmt und gelockert haben. Auch vor und nach dem Ausdauertraining, etwa Joggen oder Radfahren, eignen sich die Asanas für die Beine sehr gut, da sie Verkürzungen und Verhärtungen der Muskeln vorbeugen.
Die Außenseite der Oberschenkel neigt dazu, Fett einzulagern und bei mangelnder Beanspruchung an Muskelmasse zu verlieren – ein idealer Angriffspunkt für Cellulite. Auch dieser Bereich freut sich über eine Extraportion Beanspruchung.

Ein Po zum Anbeißen

Der Po wird im Alltag oft vernachlässigt: Das viele Sitzen und mangelnde Bewegung machen die Po-Muskeln schlaff und behindern die Durchblutung: eine Extra-Einladung für die Cellulite (Seite 11). Zusätzlich zu den Asanas freut sich der Po über schnelle Spaziergänge und häufiges Treppensteigen, über Schwimmen und Fahrradfahren. Wie der Bauch ist er mit den Asanas gut zu trainieren.

Es lebe die Vielfalt!

Durch regelmäßiges Üben wird die typische Form Ihres Pos betont. Egal, ob Sie eher ein kleines, flaches, ein rundliches oder eher birnenförmiges »Hinterteil« haben – straff und fest ist jeder Po schön!

1 1-mal pro Seite

2

Gestreckte Seitdehnung – Utthita Parshvakonasana

- **Wirkung:** Kräftigt und dehnt Beine, Taille und Rücken. Baut Fett an Hüften und Taille ab, dehnt die Leisten, fördert die Beweglichkeit in den Hüften.
- Aus der Bergposition gehen Sie in eine weite Grätsche, Ihre Füße sind etwa 1 Meter auseinander. Drehen Sie den linken Fuß etwas nach innen und den rechten Fuß 90° nach außen.
- Heben Sie Ihre Arme bis auf Schulterhöhe an. Ihre Handflächen zeigen zum Boden.
- Beugen Sie das rechte Bein, bis der Oberschenkel parallel zum Boden gerichtet ist und das Knie genau senkrecht über dem Fußgelenk.
- Strecken Sie sich mit dem rechten Arm weit nach vorn und legen Sie den Unterarm auf den rechten Oberschenkel. Drücken Sie sich weg vom Oberschenkel.
- Strecken Sie den linken Arm über Ihren Kopf. Dehnen Sie sich von der linken Ferse bis in die Fingerspitzen.
- Richten Sie Ihren Blick nach oben. 1 Falls Ihr Nacken dadurch verspannt, blicken Sie zur Seite oder zum Boden. Ihr Gesicht folgt dabei Ihrem Blick.
- Kommen Sie zurück in die Grätsche und wiederholen Sie die Asana auf der anderen Seite.
- **Für Fortgeschrittene:** Legen Sie die rechte Hand statt auf den Oberschenkel an die Innenseite des rechten Fußes. Kommen Sie langsam gestreckt über die Seite nach oben 2 und wechseln Sie gleich zur anderen Seite.

Krieger III (Standwaage)

- **Wirkung:** Kräftigt die gesamte Rückenmuskulatur, den Po und die Beine. Erfrischend und belebend, fördert das Gleichgewicht.
- Aus der Bergposition verlagern Sie Ihr Gewicht auf das linke Bein.
- Senken Sie nun gleichzeitig Ihren Oberkörper, strecken Sie Ihre Arme und Ihr rechtes Bein nach hinten aus. Während der gesamten Bewegung von der Schräge bis ganz waagerecht bilden Ihre Arme, Ihr Oberkörper und das gestreckte Bein eine gerade Linie.
- Ihr Blick ist nun zum Boden gerichtet. Machen Sie Ihr rechtes Bein und Ihre Arme ganz lang. Strecken Sie auch Ihren Nacken. 3
- Verweilen Sie einige Atemzüge in dieser Asana. Senken Sie langsam das rechte Bein und kommen Sie zurück in die Bergposition. Nun noch einmal auf der anderen Seite wiederholen.
- **Für Fortgeschrittene:** Strecken Sie Ihre Arme zur Seite oder – noch anspruchsvoller – nach vorn aus.

Wichtig: Achten Sie während der gesamten Übung darauf, dass Ihr Becken nicht seitlich absinkt.

3 1-mal pro Seite

1 1-mal pro Seite

Stuhl-Twist – Parivritta Utkatasana

- **Wirkung:** Kräftigt Beine, Bauch und Rücken, lockert die Wirbelsäule.
- Sie stehen in der Bergposition mit den Füßen und Knien dicht aneinander. Legen Sie Ihre Handflächen in Herzhöhe aufeinander (»Namasté«, Seite 111).
- Senken Sie langsam den Po, als wollten Sie sich auf einen Stuhl setzen. Senken Sie den Oberkörper mit gestrecktem Rücken und Nacken nach vorn.
- Drehen Sie Ihren Oberkörper nach links und legen Sie den linken Ellenbogen außen ans linke Knie. Beide Knie bleiben auf gleicher Höhe! Drücken Sie Ellenbogen und Knie gegeneinander und »hebeln« Sie sich so weiter in die Drehung.
- Legen Sie Ihre Daumen ans Brustbein, drücken Sie die Handflächen aneinander. Richten Sie Ihren Blick nach links. 1 Falls Sie im Nacken zu viel Spannung spüren, richten Sie das Gesicht zum Boden.
- Kommen Sie zurück in die Bergposition und wiederholen Sie die Asana noch einmal auf der anderen Seite.
- **So geht's leichter:** Winkeln Sie die Beine weniger an und legen Sie die linke Handfläche auf den unteren Rücken, die rechte außen an Ihr rechtes Knie.

INFO

LEICHTIGKEIT UND STABILITÄT

Die Hocke ist eine natürliche, kraftvolle Haltung, die uns in Kontakt mit der Erde bringt. Die Drehung aus der einfachen »Stuhl«-Position (siehe Seite 89) massiert die Bauchmuskeln von innen und kräftigt intensiv die Beine. Je öfter Sie diese Asana machen, umso leichter wird sie Ihnen fallen. So erleben Sie im »Stuhl« die beiden Qualitäten, die jede Asana beim Üben vereinen sollte: Sthira (Stabilität) und Sukha (angenehme Leichtigkeit).

2 2-mal

Heuschrecke (Variante)

- **Wirkung:** Kräftigt Po, Rücken und Oberschenkelrückseite (»Hamstrings«).
- Sie liegen auf dem Bauch, Ihre Stirn ruht am Boden. Ihre Arme liegen dicht neben dem Körper, die Handflächen weisen Richtung Boden. Ihre Füße und Knie sind hüftbreit auseinander.
- Winkeln Sie Ihre Beine und Füße an, die Fußsohlen zeigen zur Decke.
- Schmiegen Sie Ihre Leisten in den Boden und heben Sie langsam Ihren Oberkörper an. Bewegen Sie Ihr Brustbein nach vorn und oben. Werden Sie ganz lang im Nacken.
- Heben Sie nun langsam Ihre Beine an. Ihre Fußsohlen bewegen sich nach oben Richtung Decke. 2
- Nach einigen Atemzügen senken Sie langsam die Beine wieder, die Unterschenkel bleiben angewinkelt. Wiederholen Sie die Asana noch einmal.
- Lösen Sie die Asana langsam auf und strecken Sie die Beine aus. Legen Sie die Hände übereinander und die Stirn auf die Hände. Ruhen Sie sich ein paar Atemzüge lang aus.

Liegende Grätsche

- **Wirkung:** Kräftigt die gerade Bauchmuskulatur, die Oberschenkel-Außenseite und die Hüften. Dehnt die Innenseite der Oberschenkel.
- Sie liegen auf dem Rücken, Ihre Beine sind angewinkelt aufgestellt. Legen Sie die Hände auf Ihren Bauch.
- Strecken Sie Ihre Beine nach oben aus und bewegen sie langsam, so weit es angenehm ist, gestreckt auseinander. Falls Ihnen das schwer fällt, winkeln Sie die Beine leicht an.
- Schmiegen Sie Ihren unteren Rücken in den Boden und ziehen Sie den Bauchnabel leicht ein.
- Heben Sie langsam Ihren Oberkörper an und ziehen Sie mit gestreckten Armen zwischen den Beinen nach vorn. 1
- Einige Atemzüge halten, dann wieder in Rückenlage abrollen.
- **So geht's leichter:** Falls Sie zu viel Spannung in Hals und Nacken spüren, legen Sie eine Hand hinter den Kopf, um ihn zu stützen. Nicht ziehen!

1 3- bis 6-mal

2 5-mal

Bauchdrehung – Jathara Parivartanasana

- **Wirkung:** Die »Bauchdrehung« kräftigt sehr intensiv die seitlichen Bauchmuskeln und die Rückenmuskulatur und macht die Wirbelsäule beweglicher.
- In Rückenlage strecken Sie die Arme seitlich aus, die Handflächen zeigen zum Boden. Ziehen Sie das Kinn etwas zur Brust, sodass Ihr Nacken lang wird. Ihre Schultern liegen ganz entspannt auf der Unterlage. Ziehen Sie Ihre Beine angewinkelt zum Oberkörper heran.
- Senken Sie die Beine mit dem Ausatmen nach rechts, so weit, wie es angenehm ist. Die Beine dabei gegeneinander drücken und nicht am Boden ablegen. 2
- Atmen Sie ein, und kommen Sie dabei zurück in die Grundstellung. Während der nächsten Ausatmung die Beine entsprechend zur anderen Seite bewegen.
- 5-mal im Atemrhythmus wiederholen.
- **So geht's leichter:** Falls Sie eine Spannung im Nacken spüren, legen Sie sich eine gefaltete Decke unter den Kopf.
- **Für Fortgeschrittene:** Die Übung wird umso anspruchsvoller, je mehr Sie die Beine nach oben strecken. Spüren Sie eine Spannung im Rücken, winkeln Sie die Beine zunächst wieder mehr an.

Wichtig: Beide Schultern sollten während der Übung am Boden bleiben.

Der Sonnengruß

Seit Jahrtausenden wird die Sonne als Herz unserer Welt verehrt, als Schöpferin allen Lebens. Auch heute noch zeigen jeden Tag Millionen von Menschen in aller Welt mit täglichen Ritualen ihren Respekt vor der Sonne. Der Sonnengruß (»Surya Namaskar«) ist eines dieser Rituale und ein hervorragendes Ganzkörperprogramm – Bodyforming pur – in der perfekten Balance von Kraft und Beweglichkeit.
Es gibt viele Varianten des Sonnengrußes, und sie werden häufig im Yogaunterricht zum Aufwärmen und Energetisieren eingesetzt. Wie jeder Tag mit dem Sonnenaufgang beginnt und mit dem Sonnenuntergang endet, beginnt und endet jede Variante des Sonnengrußes mit einem Mudra, einer Handgeste: Die Hände werden vor dem Herzen aneinander gelegt, die Daumen berühren das Brustbein. Dies hat eine spirituelle, symbolische Bedeutung (siehe rechts) und ermöglicht auch ein angenehmes Sich-Sammeln.
Die Wirkungen des Sonnengrußes sind vielfältig. In einer kraftvollen Bewegungs-

sequenz werden bestimmte Asanas in fließenden Abläufen miteinander verbunden und mit dem Atem synchronisiert.
Die langen Muskeln an der Vorder- und Rückseite des Körpers werden gekräftigt und gedehnt. Die Handgelenke, Arme, die Rumpfmuskulatur und Beine werden gekräftigt. Die Wirbelsäule und die großen Gelenke gewinnen an Mobilität.
Durch die fließenden Bewegungsabläufe werden Ihre Alltagsbewegungen leichter und koordinierter, Ihre Haltung und Bewegungen anmutiger.
Falls Sie sich müde oder schwer fühlen, bekommen Sie nach ein Paar Runden gleich wieder Energie und Leichtigkeit. Falls Sie gestresst und nervös sind, werden Sie entspannter und Ihre Gedanken kommen wieder mehr zur Ruhe.
Die hier dargestellte Variante ist die klassische Version des Sonnengrußes mit einer Abfolge von zwölf Asanas.

Jetzt geht's los

Halten Sie am Anfang die einzelnen Asanas länger, um sie kennen zu lernen und mit ihnen vertraut zu werden. Üben Sie später mehr die fließenden Übergänge in Verbindung mit Ihrem Atem. Ganz wichtig: Gleichmäßig atmen! Halten Sie niemals den Atem an. Falls Sie außer Atem kommen, werden Sie einfach langsamer in Ihren Bewegungen oder ruhen Sie sich kurz aus.

Seien Sie offen und spielerisch. Hören Sie auf Ihren Körper. Vielleicht möchten Sie an einem Tag den Sonnengruß nur langsam ausführen, die Asanas länger halten – ein andres Mal vielleicht schnell fließend mit vielen Runden, um so richtig ins Schwitzen zu kommen.
Steigern Sie langsam die Anzahl der Sonnengrußrunden. Beginnen Sie mit zwei bis drei Abfolgen. Diese Anzahl ist auch gut geeignet zum Aufwärmen. Je mehr Abläufe Sie machen, umso intensiver ist die Wirkung. Regelmäßig mindestens 20 Runden (etwa 15 bis 20 Minuten) trainieren Ihr Herz-Kreislauf-System und helfen überflüssiges Fett abzubauen.

INFO

MUDRAS – SYMBOLISCHE GESTEN

Anjali-Mudra, auch Namasté genannt (siehe Seite 110), ist in Indien häufig zu sehen. Es drückt Dank und Respekt aus und wird oft als Gruß oder Verabschiedung benutzt. Übersetzt bedeutet das Wort etwa: »Ich begrüße und verneige mich vor dem Heiligen in dir«.
Viele Yogalehrer benutzen die Geste zu Beginn und Ende einer Unterrichtsstunde oder zwischen einzelnen Asanas. Das Mudra Namasté bündelt die Energie, fördert die Konzentration und hilft, die eigene Mitte zu finden. Jede Runde des Sonnengrußes beginnt und endet mit Namasté.

2

3

1

1. Bergposition

- Stehen Sie in der Bergposition und führen Sie Ihre Hände vor der Brust in die »Namasté«-Haltung (siehe Seite 111).

2. Gestreckter Berg

- Atmen Sie ein und führen Sie Ihre Arme in einer fließenden, schwungvollen Bewegung seitlich nach oben über Ihren Kopf, Handflächen zueinander gerichtet. Strecken Sie den Oberkörper und die Arme, richten Sie den Blick nach oben zu den Händen, ohne dabei im Nacken abzuknicken.

Wichtig: Ihr Nacken bleibt lang, Ihre Schultern entspannt.

3. Vorbeuge

- Atmen Sie aus und winkeln Sie die Beine an, senken Sie dabei langsam die Arme seitlich ab und gehen Sie mit langem Rücken in eine leichte Vorbeuge.

4. Ausfallschritt nach hinten

- Beim Einatmen machen Sie nun mit dem linken Bein einen großen Schritt nach hinten und setzen das linke Knie am Boden auf. Das vordere Knie muss genau senkrecht über dem Knöchel sein. Stützen Sie sich mit den Händen oder Fingerspitzen neben dem vorderen Fuß ab. Strecken Sie Ihren Oberkörper und den Nacken.

5. Nach unten gerichteter Hund

- Beim Ausatmen führen Sie nun auch den rechten Fuß nach hinten. Verteilen Sie das Gewicht gleichmäßig auf den Händen, Ihre Finger sind auseinander gespreizt und lang gestreckt. Bewegen Sie das Becken hoch Richtung Decke, verlagern Sie Ihr Gewicht so weit wie möglich zu den Beinen. Drücken Sie sich mit den Händen kräftig vom Boden weg. Ziehen Sie die Schultern weg von den Ohren. Werden Sie ganz lang im Rücken. Falls Sie im Rücken rund werden, winkeln Sie die Beine an.
- Beim Einatmen führen Sie die Knie zum Boden und gehen wieder in den Vierfüßlerstand.

4

5

6

7

6. Spinne

- Atmen Sie aus und führen Sie die Knie, das Brustbein und das Kinn zum Boden. Ziehen Sie mit dem Po hoch Richtung Decke. Halten Sie die Arme dicht am Körper und ziehen Sie die Schultern weg von den Ohren. Achten Sie darauf, nicht zu sehr im Nacken einzuknicken.

7. Minicobra

- Atmen Sie ein und gleiten Sie in die Bauchlage, Ihre Arme liegen dicht am Körper, Handflächen nach unten. Heben Sie langsam Ihren Oberkörper vom Brustbein aus an, ohne dabei Druck auf die Handflächen auszuüben. Ihr Nacken bleibt lang und Ellenbogen und Arme sind dicht am Körper.

8. Nach unten gerichteter Hund

- Beim Ausatmen kommen Sie nun über den Vierfüßlerstand wieder zurück in die Position »Nach unten gerichteter Hund« (Anleitung siehe vorige Seite).

9. Ausfallschritt nach vorn

- Beim Einatmen machen Sie mit dem linken Bein einen Schritt nach vorn zwischen die Hände, Ihr linker Fuß ist senkrecht unter dem Knie. Das rechte Knie am Boden aufsetzen.

8

9

10

11

10. Vorbeuge

- Beim Ausatmen schwungvoll den linken Fuß neben den rechten Fuß stellen. Die Arme seitlich strecken.

11. Gestreckter Berg

- Einatmen, vom Brustbein aus den Oberkörper langsam gestreckt aufrichten. Die Arme dabei seitlich heben.

12. Bergposition

- Beim Ausatmen senken Sie die Arme seitlich ab und führen die Handflächen wieder zusammen zum »Namasté«.
- Alles wiederholen, dabei in Step 4 und 9 das rechte Bein bewegen. Die beiden Sequenzen ergeben eine Runde.

12

Fit im Vier-Wochen-Schritt

Hier kommt ein kleines, wirksames Programm, mit dem Sie schon nach vier Wochen und bei geringem zeitlichen Aufwand positive Veränderungen Ihrer Muskeln und Ihrer Körperhaltung feststellen und ganz bedeutend an Ausstrahlung und Wohlbefinden gewinnen.

Bevor Sie mit dem Programm loslegen, wählen Sie zwei Aufwärmübungen (ab Seite 48) aus. Sie können sich bei jedem Üben andere aussuchen oder erst nach ein paar Malen wechseln.

Zum intensiven Aufwärmen des ganzen Körpers folgen nun zwei Asanas Ihrer Wahl aus dem Aufwärm-Programm (ab Seite 46) und zwei bis drei Runden des Sonnengrußes (ab Seite 110), dann die Asanas für den jeweiligen Tag und den an diesem Tag angesagten Körperbereich. Die beiden jeweils angegebenen Entspannungs-Asanas sowie eine kurze Tiefenentspannung (Seite 57) sorgen schließlich für einen harmonischen Abschluss und einen wohltuenden Ausgleich.

DER 4-WOCHEN-PLAN IN DER ÜBERSICHT

	Übungen für den jeweiligen Wochentag und Körperbereich		
	Montag	**Mittwoch**	**Freitag**
Woche eins	Bauch, Rücken, Taille	Po und Beine	Schultern, Arme, Brust
Aufwärmen	jeweils 2 Asanas nach Wahl (ab S. 48) und Sonnengruß (ab S. 110)		
Kräftigen	Boot, S. 82, Gedrehter Krieger, S. 77	Stuhl, S. 89, Halber Hanuman, S. 93	Delfin, S. 64, Kuhgesicht, S. 70
Dehnen & Entspannen	Dehnung unterer Rücken, S. 53, Rückentwist, S. 54	Durchfädeln, S. 49, Dehnung unterer Rücken, S. 53	Päckchen, S. 55, Rückentwist, S. 54
	Tiefenentspannung Shavasana (S. 57)		
Woche zwei	Bauch, Rücken, Taille	Po und Beine	Schultern, Arme, Brust
Aufwärmen	jeweils 2 Asanas nach Wahl (ab S. 48) und Sonnengruß (ab S. 110)		
Kräftigen	Bogen, S. 78, Drehsitz, S. 80	Baum, S. 88, Tänzer, S. 90	Nach unten gerichteter Hund, S. 66, Adler mit Vorbeuge, S. 71
Dehnen & Entspannen	Dehnung unterer Rücken, S. 53, Rückentwist, S. 54	Durchfädeln, S. 49, Dehnung unterer Rücken, S. 53	Päckchen, S. 55, Rückentwist, S. 54
	Tiefenentspannung Shavasana (S. 57)		
Woche drei	Bauch, Rücken, Taille	Po und Beine	Schultern, Arme, Brust
Aufwärmen	jeweils 2 Asanas nach Wahl (ab S. 48) und Sonnengruß (ab S. 110)		
Kräftigen	Stehender Halbmond, S. 76, Bauchdrehung, S. 109	Heuschrecke, S. 96, Aufgehender Mond, S. 94	Seitbalance, S. 63, Handflächendruck, S. 68
Dehnen & Entspannen	Dehnung unterer Rücken, S. 53, Rückentwist, S. 54	Durchfädeln, S. 49, Dehnung unterer Rücken, S. 53	Päckchen, S. 55, Rückentwist, S. 54
	Tiefenentspannung Shavasana (S. 57)		
Woche vier	Bauch, Rücken, Taille	Po und Beine	Schultern, Arme, Brust
Aufwärmen	jeweils 2 Asanas nach Wahl (ab S. 48) und Sonnengruß (ab S. 110)		
Kräftigen	Tanzender Krieger, S. 74, Brücke, S. 85	Stolzer Krieger, S. 92, Vorbeuge aus der Grätsche, S. 98	Brett, S. 62, Schlange, S. 69
Dehnen & Entspannen	Dehnung unterer Rücken, S. 53, Rückentwist, S. 54	Durchfädeln, S. 49, Dehnung unterer Rücken, S. 53	Päckchen, S. 55, Rückentwist, S. 54
	Tiefenentspannung Shavasana (S. 57)		

1

2

3

4

Woche eins

Täglich: zwei Asanas zum Aufwärmen nach Wahl (ab Seite 48) und Sonnengruß (ab Seite 112)
Zum Abschluss: Tiefenentspannung (Seite 57)

5

6

Montag

Boot
1 Seite 82

Gedrehter Krieger
2 Seite 77

Dehnung unterer Rücken
7 Seite 53

Rückentwist
8 Seite 54

Mittwoch

Stuhl
3 Seite 89

Halber Hanuman
4 Seite 93

Durchfädeln
9 Seite 49

Dehnung unterer Rücken
7 Seite 53

Freitag

Delfin
5 Seite 64

Kuhgesicht
6 Seite 70

Päckchen
10 Seite 55

Rückentwist
8 Seite 54

7

8

11

12

13

14

Woche zwei

Täglich: zwei Asanas zum Aufwärmen nach Wahl (ab Seite 48) und Sonnengruß (ab Seite 112)
Zum Abschluss: Tiefenentspannung (Seite 57)

15

16

Montag

Bogen
11 Seite 78

Drehsitz
12 Seite 80

Dehnung unterer Rücken
7 Seite 53

Rückentwist
8 Seite 54

Mittwoch

Baum
13 Seite 88

Tänzer
14 Seite 90

Durchfädeln
9 Seite 49

Dehnung unterer Rücken
7 Seite 53

Freitag

Nach unten gerichteter Hund
15 Seite 66

Adler mit Vorbeuge
16 Seite 71

Päckchen
10 Seite 55

Rückentwist
8 Seite 54

9

10

1

2

3

4

Woche drei

Täglich: zwei Asanas zum Aufwärmen nach Wahl (ab Seite 48) und Sonnengruß (ab Seite 112)
Zum Abschluss: Tiefenentspannung (Seite 57)

5

6

Montag

Stehender Halbmond
1 Seite 76

Bauchdrehung
2 Seite 109

Dehnung unterer Rücken
7 Seite 53

Rückentwist
8 Seite 54

Mittwoch

Heuschrecke
3 Seite 96

Aufgehender Mond
4 Seite 94

Durchfädeln
9 Seite 49

Dehnung unterer Rücken
7 Seite 53

Freitag

Seitbalance
5 Seite 63

Handflächendruck
6 Seite 68

Päckchen
10 Seite 55

Rückentwist
8 Seite 54

7

8

11

12

13

14

Woche vier

Täglich: zwei Asanas zum Aufwärmen nach Wahl (ab Seite 48) und Sonnengruß (ab Seite 112)
Zum Abschluss: Tiefenentspannung (Seite 57)

15

16

Montag

Tanzender Krieger
11 Seite 74

Brücke
12 Seite 85

Dehnung unterer Rücken
7 Seite 53

Rückentwist
8 Seite 54

Mittwoch

Stolzer Krieger
13 Seite 92

Vorbeuge aus der Grätsche
14 Seite 98

Durchfädeln
9 Seite 49

Dehnung unterer Rücken
7 Seite 53

Freitag

Brett
15 Seite 62

Schlange
16 Seite 69

Päckchen
10 Seite 55

Rückentwist
8 Seite 54

9

10

Bücher, die weiterhelfen

> **Desikachar, T. K. V.:** *Über Freiheit und Meditation.* Via Nova

> **Desikachar, T. K. V.:** *Yoga – Tradition und Erfahrung.* Via Nova

> **Desikachar, T. K. V.:** *Yoga – Gesundheit von Körper und Geist. Leben und Lehren Krishnamacharyas.* Theseus

> **Devi, Indra:** *Durch Yoga jugendfrisch.* Albert Müller (Originaltitel: *Forever young, forever healthy*) – leider vergriffen, mit etwas Glück aber übers Internet gebraucht erhältlich unter *www.zvab.de* oder *www.amazon.de*

> **Feuerstein, Georg; Payne, Larry:** *Yoga für Dummies. Entspannung und Lebensfreude mit Yoga.* mitp

> **Frawley, David; Summerfield Kozak, Sarah:** *Yoga für Ihren Typ. Asanas im Einklang mit Ayurveda.* Windpferd

> **Haberstock, Lothar:** *Der Weg des Yoga. Handbuch für Übende und Lehrende.* Via Nova

> **Iyengar, Gita S.:** *Yoga für die Frau. Der Weg zu Gesundheit, Entspannung und innerer Kraft.* O. W. Barth

> **Raichur, Pratima; Cohn, Maria:** *Wahre Schönheit kommt von innen.* Droemer/Knaur

> **Schrott, Dr. Ernst:** *Ayurveda – das Geheimnis Ihres Typs.* Goldmann

> **Thich Nhat Hanh:** *Die fünf Pfeiler der Weisheit.* Knaur

> **Thich Nhat Hanh:** *Jeden Augenblick genießen.* Theseus

> **Thich Nhat Hanh:** *Die Kunst des glücklichen Lebens.* Theseus

> **Turlington, Christy:** *Living Yoga. Mein Weg zu Ausgeglichenheit und Schönheit.* Ehrenwirth

Bücher aus dem GRÄFE UND UNZER VERLAG, München

> **Faust, Susanne; Lockstein, Carolin:** *Relax! Der schnelle Weg zu neuer Energie*

> **Grillparzer, Marion:** *Mini-Trampolin. Schlank & fit im Flug*

> **Rosenberg, Kerstin:** *Das große Ayurveda-Buch*

> **Schutt, Karin:** *Ayurveda für jeden*

> **Schutt, Karin:** *Ayurveda. Sich jung fühlen ein Leben lang*

> **Trökes, Anna:** *Das große Yoga-Buch. Das moderne Standardwerk zum Hatha-Yoga*

> **Trökes, Anna:** *Die Yoga Box.* 60 Übungskarten; Begleitbuch mit Übungsprogrammen

> **Trökes, Anna:** *Power durch Yoga. Energie und Kraft für Body & Mind.* Mit CD

> **Trökes, Anna:** *Yoga für Rücken, Schulter und Nacken*

> **Trökes, Anna:** *Yoga. Mehr Energie und Ruhe.* Mit CD

Adressen, die weiterhelfen

> **Die Adresse der Autorin:**
Beate Cuson
Moveo Yoga Studio
Am Tempelhofer Berg 7 d
D-10965 Berlin
www.moveoberlin.de

> **Berufsverband der Yogalehrenden in Deutschland (BDY)**
Jüdenstraße 37
D-37073 Göttingen
Zeitschrift: Deutsches Yoga-Forum
www.yoga.de

> **Berufsverband der B.K.S.-Iyengar-Yoga-Vereinigung Deutschland**
Königstraße 27
D-53474 Bad Neuenahr-Ahrweiler
www.Iyengar-Yoga.de

> **Berufsverband der Yogalehrenden in Österreich (BYO)**
Rathausstraße 6
A-1010 Wien
www.yoga.at

> **Schweizerische Yoga Gesellschaft (SYG)**
Aarbergergasse 21
CH-3011 Bern
www.yoga.ch

> **Yoga aktuell (Zeitschrift)**
Yoga-Verlags-GmbH
Oberwies 46
D-87439 Kempten/Mariaberg
Tel. 083 70 / 921 78 63
Fax 083 70 / 921 78 64
www.yoga-aktuell.de

Internet-Links

> **www.yimag.com**
Die Website der philosophisch orientierten, sehr ästhetischen US-amerikanischen Zeitschrift »Yoga«

> **www.yogajournal.com**
Eine weitere sehr gute Yoga-Zeitschrift aus den USA, mit praxisorientierten Inhalten. Hier können Sie auch hervorragende Übungsvideos bestellen

> **www.yogi-star.de**
Empfehlenswerte Bestelladressse für Gurte sowie Yogamatten in vielen tollen Farben und Qualitäten

Sachregister

Übungsregister

Verzeichnis der Sanskrit-Ausdrücke

Impressum

Programmleitung:
Ulrich Ehrlenspiel

Redaktion: Silvia Herzog

Lektorat: Barbara Kohl

Bildredaktion: Natascha Klebl

Umschlaggestaltung und Innenlayout: independent Medien-Design

Herstellung: Petra Roth

Satz: Knipping Werbung GmbH, München

Repro: Ludwig, Zell am See

Druck: Appl, Wemding

Bindung: Sellier, Freising

Fotoproduktion: Tom Roch

Weitere Fotos:
Alice Arnold: S. 43.
Enrico Böttcher: S. 13.
Corbis: S. 32.
Getty Images: S. 19 unten, 116.
GU: S. 20 (Kai Stiepel).
Mauritius: S. 8, 14, 28, 128 oben, U3 oben. Zefa: S. 3 rechts, 19 oben, 22, 38, 110.

Wichtiger Hinweis

Alle Ratschläge und Übungen in diesem Buch wurden sorgfältig recherchiert und haben sich in der Praxis bewährt.
Alle Leserinnen und Leser sind jedoch aufgefordert, selbst zu entscheiden, ob und inwieweit sie die Anregungen aus diesem Buch umsetzen wollen. Autorin und Verlag übernehmen keine Haftung für die Resultate.
Hören Sie beim Üben immer auf die Signale Ihres Körpers und überfordern Sie sich nicht! Ein Buch kann niemals einen Lehrer ersetzen.

Dank

Einen ganz besonderen Dank an meinen Ehemann Tom für seine Mitarbeit, seine Unterstützung und seine Liebe.
Ein ganz herzliches Dankeschön auch an die beiden Yogalehrerinnen Steph Jaksch und Nadja Palmers vom Jivamukti Yoga Center (München) für ihren tollen Einsatz als Models bei der Fotoproduktion.

ISBN 3-7742-6648-4

Auflage:

5.	4.	3.	2.
2008	2007	2006	2005

Ein Unternehmen der
GANSKE VERLAGSGRUPPE

DAS ORIGINAL MIT GARANTIE

Ihre Meinung ist uns wichtig. Deshalb möchten wir Ihre Kritik, gerne aber auch Ihr Lob erfahren. Um als führender Ratgeberverlag für Sie noch besser zu werden. Darum: Schreiben Sie uns! Wir freuen uns auf Ihre Post und wünschen Ihnen viel Spaß mit Ihrem GU-Ratgeber.

Unsere Garantie: Sollte ein GU-Ratgeber einmal einen Fehler enthalten, schicken Sie uns das Buch mit einem kleinen Hinweis und der Quittung innerhalb von sechs Monaten nach dem Kauf zurück. Wir tauschen Ihnen den GU-Ratgeber gegen einen anderen zum gleichen oder einem ähnlichen Thema um.

GRÄFE UND UNZER VERLAG
Redaktion Körper & Seele
Postfach 86 03 25
81630 München
Fax: 089/41981-113
E-Mail: leserservice@graefe-und-unzer.de

Die GU-Homepage finden Sie unter www.gu-online.de

Umwelthinweis

Dieses Buch wurde auf chlorfrei gebleichtem Papier gedruckt. Um Rohstoffe zu sparen, haben wir auf Folienverpackung verzichtet.

GU RATGEBER FITNESS

Richtig trainieren – sich rundum wohl fühlen

ISBN
3-7742-6359-0

128 Seiten | € 12,90 [D]

ISBN
3-7742-6358-2

128 Seiten | € 12,90 [D]

ISBN
3-7742-6648-4

128 Seiten | € 12,90 [D]

ISBN
3-7742-6244-6

128 Seiten | € 12,90 [D]

Die Reihe zu aktuellen Themen aus dem Fitnessbereich, mit vielen Übungen von einfach bis anspruchsvoll und wertvollen Tipps von kompetenten Autoren. Bewegungsfreudige können endlich durchstarten!

WEITERE LIEFERBARE TITEL:

- Yoga für Anfänger
- Yoga für Rücken, Schulter und Nacken
- Laufen zum Abnehmen

G|U

Willkommen im Leben.

Das Wichtigste auf einen Blick

HARMONIE FÜR INNEN UND AUSSEN

Der Yoga-Übungsweg wird seit jeher als achtstufiger Pfad beschrieben, der teils in unser Inneres, teils in die äußere Welt führt. Sie können jedoch die Asanas auch als reines Bodyforming nutzen – mit entspannenden, ausgleichenden »Nebenwirkungen«!

ALLES IM (ATEM-)FLUSS

Beim Hatha-Yoga werden Sie nicht Ihre überschüssige Energie los – sondern nutzen sie. Für mehr Kraft, Vitalität, Beweglichkeit, ein strahlendes Äußeres und einen wachen Geist. Dabei können Sie sich vor allem auf einen Übungspartner verlassen: Ihren Atem. Vertrauen Sie sich bei den Asanas seinem fließenden Rhythmus an, denn dieser bildet das Maß für Ihre Bewegungen.

Ein kräftiger, gesunder Körper

Die Übungen des Hatha-Yoga (Asanas) formen den Körper auf harmonische Weise, machen ihn beweglich und widerstandsfähig. In diesem Buch finden Sie für jeden Körperbereich und alle wichtigen Muskelgruppen die wirksamsten Asanas, die dabei immer auch auf den Körper als Ganzes wirken.